加賀山　茂

求められる
改正民法の教え方

いや～な質問への想定回答

信山社

は し が き

1. 改正民法を教えることは至難の業

　改正民法（債権関係）が 2020 年から施行されるため，2018 年から，大学 1・2 年生には改正民法を教えることになります。同時に，大学 3・4 年生には，今まで通りに現行民法を教えなければならないため，現行民法と改正民法との両方を担当する教員の負担は大きくなっています。

(1)　新設された最初の条文である 民法 3 条の 2 をうまく説明できるか？

　しかし，現行民法に慣れた教員にとって，改正民法を教えるのは，至難の業です。例えば，改正民法によって最初に追加された 3 条の 2 (意思能力) を例にとって，それを説得的に説明することを試みたとしましょう。

A)　意思無能力を制限行為能力との対比によって説明する試み

　最初に，改正民法 3 条の 2 の趣旨について，「意思能力を欠く状況でした法律行為」という点に着目し，「事理弁識能力を欠く常況にある成年被後見人のした法律行為」との比較を通じて説明しようと試みたとします。そうすると，以下の点で，その場合の法律効果は，無効よりも，むしろ，取消しの方がふさわしいように思われます。

　第 1 に，認知症で普段の生活もままならないために後見開始の

iii

審判を受けた成年被後見人がした法律行為の効果は，「事理を弁識する能力を欠く常況」にあるという理由で，取消しとされています（民法9条）。そうだとすると，意思能力を欠く状況でなした法律行為（民法3条の2）の場合も，その法律効果は，無効でなく，取消しとした方が説明が容易です。

　第2に，意思能力を欠く場合の代表例である酩酊状態から正気に戻った場合に，表意者は，法律行為の追認ができてしかるべきですから，その点でも，追認ができない無効（民法119条）ではなく，取消し（民法122条）の方が好都合のように思われます。

B)　意思無能力を意思の不存在との対比で説明する試み

　そこで，次に，意思無能力の問題を「意思の不存在」と「瑕疵ある意思表示」との比較において説明することにしたとしましょう。ここでも，以下の理由で，改正民法3条の2をうまく説明できないことが分かります。

　第1に，従来は，「意思の不存在」ならば無効，「瑕疵ある意思表示」ならば取消し，そして，制限行為能力は取消しという意思表示に関する民法の美しい体系ができていました。

　しかし，今回の改正によって，「意思の不存在」の典型例とされてきた要素の錯誤，すなわち，「意思表示に対応する意思を欠く錯誤」（改正民法95条1項1号）の場合でさえ，その効果は，無効ではなく，取消しとされました（改正民法95条1項）。

　これについては，以下のように論じる改正民法の概説書も出ています。

はしがき

「意思表示に対応する意思を欠く錯誤」（95条1項1号）も取消原因としていることから，内心的効果意思を欠く意思表示は必然的に無効であるという考え方それ自体も，否定されたと見ることができる（[潮見他・改正民法（2018）66頁（山下純司執筆)])。

しかし，「意思の不存在は必然的に無効である」という考え方が否定されたというだけでは，意思の不存在の法律効果を「無効」とすべきか「取消し」とすべきかの判断を，どのような考慮要素によって区別したらよいのか，不明のままです。このままでは，民法の理論体系が破壊されてしまいます。なぜなら，上記のように考えてしまうと，まずは，改正民法3条の2の法律効果が，なぜ無効なのかを根拠づけることができなくなるからです。さらには，民法93条（心裡留保），94条（虚偽表示）がなぜ無効なのかも説明できなくなってしまいます。

したがって，改正法によっても，意思表示理論の中核は，破壊されておらず，第1に，意思の不存在の場合の法律効果は，無効（その本質は，取消的無効，または，相対無効）である。第2に，瑕疵ある意思表示（詐欺・強迫，および，動機の錯誤）の法律効果は常に取消しである，という意思表示理論の原則は保持されていると考えるべきでしょう。

そのような意思表示理論の観点からは，改正民法95条1項の効果を取消しと規定した点，および，改正民法120条2項において，意思表示に対応する意思を欠く錯誤を「瑕疵ある意思表示」に含めた点だけが，立法の過誤と考えるのが，むしろ穏当でしょう（本書70頁，72頁）。

v

はしがき

　改正民法95条1項，および，改正民法120条2項を立法の過誤と考える立場に立つならば，意思無能力の場合も，混乱のさなかにあって，無効と取消しの基準があいまいとなっている「意思の不存在」とか，「瑕疵ある意思表示」とかの問題として考察するよりも，先に述べたように，判断能力に関する問題として把握し，成年被後見人（事理弁識能力を欠く常況にある者）の場合と同様に，無効よりも，追認が可能な取消しとして規定する方がふさわしいように思われます。

　第2に，上記とは反対に，改正民法95条1項が正しいという立場に立つ場合であっても，改正民法3条の2の法律効果を「意思を欠く錯誤」と同様に考えると，その効果は，改正民法95条1項に倣って，取消しとしなければならないはずであり，そうすれば，120条2項の類推によって，取消権者の範囲も明らかになります。

　このように考えると，改正民法3条の2の法律効果は，無効とするよりも，取消しと考えた方が好都合であるように思われます。

　第3に，意思能力を欠く法律行為の効果は，確かに，判例がこれを無効としてきたことを考慮して立法されたといわれています。しかし，その判例というのは，明治38年の大審院判決（大判明38・5・11民録11輯706頁）であって，100年以上も前の判決です。

　今回の民法改正にあたっては，立法者は，これまで支障なく活用されており，立法事実が存在しないにもかかわらず，民法制定から100年以上が経過しているから民法を改正する必要があると言っているのです。民法改正の根拠を100年以上も経過しているからと言いつつ，改正民法3条の2の立法理由を，100年も

はしがき

前の古い判決に従って改正をするというのでは，つじつまが合いません。

　以上のことから，「意思を欠く錯誤」の法律効果を取消しとする（改正民法 95 条 1 項 1 号）という，いちばん新しい改正理由に合わせて，「意思を欠く状態でなされた」法律行為も，その効果を取消しとするのが妥当だと思われます。

C）　意思能力を欠くときにした法律行為を無効とすることを正当化するのは困難

　このように，改正された最初の条文（改正民法 3 条の 2）を説明しようとするだけで，説明に行き詰まることが分かります。今回の改正は，現行条文の 200 ヵ所以上について行われているのですから，それらすべてについて，全体とのバランスを取りながら個々の条文を説明しようとすると，それが至難の業であることが実感できるのです。

⑵　改正民法の解説書は，学生の鋭い質問を想定していない

　民法を担当する教員は，民法改正に合わせて出版された様々な概説書を読んで，改正民法を教えようとしています。しかし，上記のように，改正民法 3 条の 2 という 1 ヵ条を例にとっただけでも，知的好奇心の高い学生の，次のような質問に，適切に答えることができる概説書はいまだに存在しません。

　1.　「意思能力を有しない状況で行った人」の法律行為の効果が「無効」なのに（改正民法 3 条の 2），「事理を弁識する能力

を欠く常況にある」成年被後見人が行った法律行為の効果が「取消し」（民法7条，9条）となっているのはなぜですか？

2．意思能力を欠く法律行為（改正民法3条の2），並びに，意思の不存在としての心裡留保（民法93条），および，虚偽表示（民法94条）の効果が「無効」なのに，同じく意思の不存在である「意思表示に対応する意思を欠く錯誤」（改正民法95条1項1号）が，取消し（改正民法95条1項）となっているのはなぜですか？

3．「意思表示に対応する意思を欠く錯誤」（改正民法95条1項1号）は，明らかに「意思の不存在」であるのに，改正民法120条2項で，この錯誤を含めて，詐欺・強迫（民法96条）と同列に「瑕疵ある意思表示」と分類されているのは，なぜですか？

このように，民法95条1項1号の「意思を欠く錯誤」を「瑕疵ある意思表示」としている改正民法120条2項は，概念矛盾に陥っている（本書4頁以下）ということを指摘する概説書さえ存在しないのですから，もしも，その点を学生に質問された場合には，どんな教員であれ，教壇で立ち往生せざるを得ないのが現状です。

2．「誰もが嫌がる質問」を前もって 想定問答 で考えておこう

そこで，改正民法を教えることを義務づけられている教員が，知的好奇心の高い学生たちの質問に立ち往生することなく，それなりの説明をしたり，改正民法の欠陥を修復する提案をしたりで

はしがき

きるためには，現行法の背後にある民法理論の原点に立ち返って考察することが不可欠となります。そこで，本書では，これまでの改正民法の概説書では十分に議論されていないために，教員にとって説明することが困難と思われる 12 のトピックを厳選して，どのような講義をすべきかを検討することにしました。

　本書では，ベテラン教員（古居教授）が，改正民法を教えることになった新米教員（新舞准教授）に対して，「嫌な質問」を連発しています。

　これは，民法担当教員が，学生たちから，「嫌な質問」を浴びせられた場合に備えて，そのような「嫌な質問」をうまく受け止めるにはどうすればよいのかを考えさせるようにしています。ベテランの古居教授が，改正民法の模擬講義を行った新舞准教授に対して「嫌な質問」を浴びせかけるという仮想の想定問答として展開しています。

　その想定問答の中では，対立する見解を尊重し，最終的な結論にまで到達することなく終わっている場面もあります。ただ，立法論としての筆者の解答（結論）は，「Ⅶ　参考資料」において，「説明困難な条文（改正民法・現行法・再改正私案）対照表（本書 69 頁以下）」として示しました。想定問答の中でも，筆者の解答を適宜引用していますので，そのつど，参照いただけると幸いです。

　改正民法を教える教員が，学生の素朴な質問によって教壇で立ち往生したり，反対に，「逆切れ」して学生の質問を切り捨てたりしないためにも，できるだけ多くの教員が，本書を参考にして，学生の知的能力を向上させる教育を行えるようになることを願っ

はしがき

てやみません。

2019 年 2 月 3 日

スーパー・ボランティア尾畠春夫氏によって有名となった
大分県速見郡日出町
その町にある別府湾を一望できる書斎にて

加賀山 茂

目　　次

はしがき (ⅲ)

第1章　改正民法を教える教員の戸惑い──問題の所在………3

1　改正民法を良心に恥じることなく教えることができ
るだろうか？………………………………………………3

2　「意思を欠く錯誤」を「瑕疵ある意思表示」と言い切
れるだろうか？……………………………………………4

> 【想定問答1】錯誤は，意思の不存在か瑕疵ある意思表示
> か？（改正民法95条）

3　改正民法の概説書は，学生の鋭い質問には役に立た
ないのではないか？………………………………………10

4　本書の目的………………………………………………11

第2章　民法教員が説明に窮する代表的な論点………………13

第1節　無効と取消しの境界の崩壊………………………13

1　意思無能力者の法律行為（無効），制限行為能力者の
法律行為（取消し）………………………………………13

> 【想定問答2】意思能力を欠く法律行為は，無効か取消し
> か？（改正民法3条の2）

2　意思の不存在（無効）と瑕疵ある意思表示（取消し）
との関係……………………………………………………20

第2節　用語法の混乱…………………………………………20

1　「時効の中断」から「時効の更新」へ…………………20

xi

目　次

> 【想定問答 3】時効の更新か中断・再開か？（改正民法
> 　147 条～161 条）

2　「時効の中止」から「時効の完成猶予」へ……………………23

> 【想定問答 4】時効の完成猶予か短期更新か？（改正民法
> 　147 条～161 条）

第3節 **利益相反行為の制御不能**……………………………………25

1　利益相反行為の許諾による代理人のやりたい放題………25

> 【想定問答 5】代理人の利益相反行為を制御できるか？
> 　（改正民法 108 条）

2　管財人なしの小破産手続における一債権者のやりた
　い放題………………………………………………………………………28

> 【想定問答 6】詐害行為取消権者の暴走を止められるか？
> 　（改正民法 424 条の 6）

第4節 **債務不履行における履行「不能」の役割の終焉**……31

1　履行不能と履行拒絶との関係…………………………………31

> 【想定問答 7】履行拒絶の概念の採用による影響は何か？
> 　（改正民法 415 条）

2　履行遅滞と履行不能との関係…………………………………35

> 【想定問答 8】履行不能の概念は生き残れるか？（改正民
> 　法 541 条，542 条）

第5節 **検証不可能な用語の採用**……………………………………38

1　「善意」か，「善意かつ無過失」か………………………………38

> 【想定問答 9】内心の事実は証明できるか？（改正民法
> 　93 条 2 項，94 条 2 項）

目　次

2　取引上の「社会通念」……………………………………42

【想定問答10】改正民法の9ヵ条で採用された取引上の
「社会通念」は必要か？

第6節　**解釈に全面的に依存した改正**……………………46
1　損害賠償額の予定……………………………………46
⑴　民法改正における立法事実の不在…………………46
⑵　数少ない民法改正の立法事実の一つとしての賠
償額の予定（民法420条）……………………………51
⑶　420条1項後段の削除だけで代替措置の規定は？……52
⑷　改正民法420条（賠償額の予定）に対する白熱の
議論……………………………………………………53

【想定問答11】裁判官は何ができるのか？（改正民法
420条）

2　買主の損害賠償請求権・解除権……………………56

【想定問答12】瑕疵担保責任はどこに行ったのか？（改
正民法562条〜567条）

第3章　民法担当教員を混乱に陥れる改正民法の失敗
の原因………………………………………………………63

第1節　**諮問不適合の改正内容**…………………………63
第2節　**法制審議会の委員に真の専門家が選任されな
かった理由**………………………………………………65

参　考　文　献（67）

xiii

目　次

第4章　参考資料 69

説明困難な条文（改正民法・現行法・再改正私案）対照表 69

民 法 総 則

民法3条の2（意思能力） 70

民法93条（心裡留保） 70

民法94条（虚偽表示） 71

民法95条（錯誤） 71

民法108条（自己契約及び双方代理等） 73

民法120条（取消権者） 73

民法147条（裁判上の請求等による時効の完成猶予及び更新） 74

債 権 総 論

民法400条（特定物の引渡の場合の注意義務） 74

民法412条の2（履行不能） 75

民法415条（債務不履行による損害賠償） 75

民法420条（賠償額の予定） 76

民法424条の6（財産の返還又は価額の償還の請求） 77

民法477条（預金又は貯金の口座に対する払込みによる弁済） 78

民法478条（受領権者としての概観を有する者に対する弁済） 79

民法483条（特定物の現状による引渡し） 79

民法504条（債権者による担保の喪失等） 80

債 権 各 論

民法541条（催告による解除） 81

民法542条（催告によらない解除） 81

民法543条（債務者の責めに帰すべき事由による場合） 83

民法548条の2（定型約款の合意） 83

民法562条（買主の追完請求権） 84

民法564条（買主の損害賠償請求及び解除権の行使） 84

目　次

　　民法 567 条（目的物の滅失等についての危険の移転）……………85

あとがき（87）

索　引（91）

―――――――――― 想定問答の目次 ――――――――――

1　錯誤は，意思の不存在か瑕疵ある意思表示か？（改正民法 95 条）…4

2　意思能力を欠く法律行為は，無効か取消しか？（改正民法 3 条の 2）‥15

3　時効の更新か中断・再開か？（改正民法 147 条〜161 条）…………21

4　時効の完成猶予か短期更新か？（改正民法 147 条〜161 条）………23

5　代理人の利益相反行為を制御できるか？（改正民法 108 条）………26

6　詐害行為取消権者の暴走を止められるか？（改正民法 424 条の 6）‥28

7　履行拒絶の概念の採用による影響は何か？（改正民法 415 条）……33

8　履行不能の概念は生き残れるか？（改正民法 541 条，542 条）……36

9　内心の事実は証明できるか？（改正民法 93 条 2 項，94 条 2 項）…39

10　改正民法の 9 ヵ条で採用された取引上の「社会通念」は必要か？‥43

11　裁判官は何ができるのか？（改正民法 420 条）…………………………53

12　瑕疵担保責任はどこに行ったのか？（改正民法 562 条〜567 条）‥58

目　次

立法事実の存否に関する規制改革会議での議論の目次

〈規制改革会議での議論1〉 立法事実の存在？……………………………47

〈規制改革会議での議論2〉 改正の具体的な立法事実は？…………47

〈規制改革会議での議論3〉 立法事実の具体化は？……………………49

求められる

改正民法の教え方

いや～な質問への想定回答

第1章

改正民法を教える教員の戸惑い
——問題の所在

1 改正民法を良心に恥じることなく教えることができる
   だろうか？

2017年5月26日に民法（債権関係）改正法案「民法の一部を改正する法律案」が国会で可決・成立し，2017年6月2日に公布されました。2020年から改正民法の施行が予定されているため，大学の法学部では2018年から，改正民法に基づく教育が開始されています。

予想されたことではありますが（[加賀山・改正案の評価（2015）95-135頁]），改正民法を教える段階になって，民法担当教員の間で動揺が広がっています。民法の教員にとって，現行民法と比較した場合，改正民法を体系的に教えることは，非常に困難だからです。

そこで，本書では，改正民法を教えなければならない立場に立った新米教員（新舞准教授）と，定年を間近にした，改正民法を速習しようと思っているベテラン教員（古居教授）が相談の上，新舞准教授が改正民法に関する模擬講義をすることにしました。古居教授が突っ込み（鋭い質問）を入れ，新舞准教授が応戦する

第 1 章　改正民法を教える教員の戸惑い

という場面設定で想定問答を展開しています。

　改正民法を教えなければならない立場にある新米の民法教員が，ベテラン教員の「嫌～な質問」を受けた場合でも，決して立ち往生することがないように，予め準備をしていただこうというのが本書の狙いです。

2　「意思を欠く錯誤」を「瑕疵(かし)ある意思表示」と言い切れるだろうか？

　これから示す，古参教員（古居教授）からの「嫌な質問」に対して，民法を担当する教員が，予想外の質問に絶句して教壇の上で立ち往生したり，逆切れして，「つべこべ言わずに，暗記しなさい」と言って，学生の向上心を摘み取ってしまったりしないように，つまり，教員としての最低限の良心の呵責にさいなまれることのないように，以下のような想定問答を読んで，十分な準備をした上で講義に臨まれることをお薦めしたいと思います。

───────── 【想定問答 1】 ─────────

錯誤は，意思の不存在か瑕疵(かし)ある意思表示か？（改正民法 95 条）

古居教授：今日の第 1 回の模擬講義を拝聴して，民法 93 条（心裡(り)留保）と 94 条（虚偽表示）は，表示に対応する意思が存在しないので無効となり，民法 96 条（詐欺・強迫）は，表示に対応する意思は存在するけれども，意思形成の過程で瑕疵が生じているので，取消しとなることについては，私が以前から講義している内容と同じなので，納得です。

2 「意思を欠く錯誤」を「瑕疵ある意思表示」と言い切れるだろうか？

新舞准教授：そうです。その点は，新・旧で同じです。

古居教授：新・旧の条文が大枠では同じなので，この点はよく理解できます。しかし，民法95条の重大な錯誤のうち，表示に対応する意思がない場合（改正民法95条1項1号の「意思表示に対応する意思を欠く錯誤」の場合）には，従来は要素の錯誤として無効とされてきたのですが，今回の改正によると，その場合でも，「取消し」となったのですね。

新舞准教授：その通りです。そこが，改正法で変更された点です。

古居教授：確かに，民法95条だけを考えると，それでも良いのでしょう。しかし，その前の条文，すなわち，民法93条（心裡留保）と94条（虚偽表示）の場合には，いずれも「意思の不存在」（民法101条1項）を理由に無効とされています。そうすると，民法93条，94条，95条という一連の規定の中で，不協和音が生じていませんか？

新舞准教授：えっ。不協和音ですか？

古居教授：そうです。体系的な観点からの不協和音です。錯誤のうち，従来，要素の錯誤といわれてきた，表示に対応する意思が全く存在しない錯誤（改正民法95条1項1号）の場合にも，無効ではなく，取消しとなるのはなぜなのですか？

新舞准教授：改正民法では，錯誤のうち，**動機の錯誤**（改正民法95条1項2号によれば，「表意者が法律行為の基礎とした事情についてのその認識が真実に反する錯誤」）の場合，すなわち瑕疵ある意思表示の場合にも，表意者がその意思表示を取り消しすることを可能としたため，動機の錯誤の場合だけでなく，いわゆる要素の錯誤を含めて，両方の錯誤の効果を統一的に取消しとしたのです。

古居教授：そういう理由であるならば，表示に対応する意思が存在しないいわゆる**要素の錯誤**（改正民法95条1項1号）の場合

第 1 章　改正民法を教える教員の戸惑い

は，民法 93 条，94 条と同様に無効とし，いわゆる動機の錯誤
（改正民法 95 条 1 項 2 号）についてだけ，民法 96 条 2 項と同様
に取消しとする（本書 72 頁）というのが，体系的で，すっきり
するのではないですか？

> ■ **いわゆる要素の錯誤（意思表示に対応する意思を欠く錯誤）**
> ‥‥‥‥‥‥‥‥‥‥‥‥‥‥‥‥‥‥‥‥‥‥‥‥‥ **無効**
> ■ **いわゆる動機の錯誤（表意者が法律行為の基礎とした事情**
> **についてのその認識が真実に反する錯誤）**‥‥‥‥ **取消し**

新舞准教授：もう決まったことですので，そう言われても困りま
す。

古居教授：決まったことの中で，矛盾が生じていると指摘してい
るのですよ。先生は，矛盾を放置したままで教育が成り立つと
お考えですか？

新舞准教授：そうは考えませんが，矛盾のように見えることを理
論的な考察を加えて，矛盾なく説明する方法を模索することが
重要だと考えています。

古居教授：そうですよね。それなら矛盾を解消する方法を考えな
ければなりませんね。まず矛盾点の認識です。民法 93 条，94 条
の意思の不存在の場合は「無効」としておきながら，民法 95
条 1 項 1 号の「意思表示に対応する意思を欠く錯誤」，すなわ
ち，意思の不存在の場合を含めて「取消し」とするならば，意
思表示全体についての体系に矛盾が生じると思われませんか？

新舞准教授：錯誤を統一的に考えるならば，錯誤の場合には，追
認を認める必要もあり，いわゆる**要素の錯誤，動機の錯誤**を含
めて，取消しとしたのは，論理が一貫していると思うのです
が……。

6

2 「意思を欠く錯誤」を「瑕疵ある意思表示」と言い切れるだろうか？

古居教授：錯誤だけを考えていたのでは不十分ですよ。これまでの民法理論においては，民法93条（心裡留保），民法94条（虚偽表示），および，民法95条（錯誤）は，すべて，「意思の不存在」，すなわち，表示に対応する意思が存在しない場合として，統一的に「無効」としてきたのです。そして，動機の錯誤を含めて，詐欺・強迫による意思表示は，表示に対応する意思は存在するが，意思の形成過程で不当な干渉がなされたことを考慮して，「瑕疵ある意思表示」と呼んで，その効力を「取消し」としてきたのです。このような「意思表示理論」については，新舞先生もご存知ですよね？

新舞准教授：はい。その点は，よく存じ上げているつもりです。

古居教授：その「意思表示理論」に基づいて確立されてきた，「意思の不存在」は無効，「瑕疵ある意思表示」は取消しという基準を先生は放棄されるのですか？

新舞准教授：……（しばらく沈黙の後，思い直して）改正民法の120条2項を見てみましょう。
　瑕疵ある意思表示として，「錯誤，詐欺又は強迫」が列挙されていますね。つまり，錯誤は，「意思の不存在」ではなく，「瑕疵ある意思表示」とされるから，「無効」ではなく，「取消し」とされているのです。

古居教授：新舞先生，墓穴を掘りましたね。「チコちゃんに叱られる」ことになりますよ。

新舞准教授：えー。どうしてですか？

古居教授：もう一度，改正民法95条1項1号をよくご覧になってください。いわゆる要素の錯

日本放送協会／©NHK

7

誤は，「意思表示に対応する意思を欠く錯誤」と規定されていますよ。したがって，改正民法95条1項1号の錯誤は，「**意思を欠く錯誤**」，すなわち，「**瑕疵ある意思表示**」ではなく，「**意思の不存在**」として，無効とならなければならないのではないですか？

新舞准教授：……（しばし，立ち往生）。

古居教授：これまでの民法理論においては，民法93条〜95条は，「意思の不存在」，民法96条は，「瑕疵ある意思表示」と呼んで，両者を区別してきました。そして，前者の効果は「無効」，後者の効果は，「取消し」という理論を構築してきたわけです。

新舞准教授：さすがベテラン。おっしゃる通りです。

古居教授：そうだとすると，改正民法120条2項が，いわゆる要素の錯誤（改正法95条1項1号：意思表示に対応する意思を欠く錯誤）と，いわゆる**動機の錯誤**（改正法95条1項2号：表意者が法律行為の基礎とした事情についてのその認識が真実に反する錯誤）とを区別せず，一緒くたにして，「錯誤，詐欺又は強迫によって取り消すことができる行為は，瑕疵ある意思表示をした者……に限り，取り消すことができる」と規定しているのは，矛盾しているのではありませんか？

新舞准教授：そうは言っても，立法者が決定したことを争うわけにはいきませんので……。

古居教授：確かに，裁判官であれば，**憲法76条3項**に従って，「裁判官は，……この憲法および法律に……拘束される」わけです。しかし，学者もそうなのでしょうか。以下のように，意思表示理論に従った矛盾のない**立法提案**（本書74頁）をすることもできるのではないですか？

2 「意思を欠く錯誤」を「瑕疵ある意思表示」と言い切れるだろうか？

> 第 120 条（取消権者）
> ①……省略……
> ②第 95 条 1 項 2 号の錯誤，詐欺又は強迫によって取り消すことができる行為は，瑕疵（かし）ある意思表示をした者又はその代理人若しくは承継人に限り，取り消すことができる。

新舞准教授：それはちょっと……。古居先生のような教授であれば，大丈夫かもしれませんが，昇進を果たしていない准教授としては，そこまで大胆なことをやらかすのは，無理です。

古居教授：裁判官は，憲法 76 条 3 項によって「良心に従って職務を行い」ということになるけれど，学者は「良心に従って職務を行」わなくてもよいということですか？

新舞准教授：いえいえ。そうではありませんが，立法論に及ぶことは，職務の範囲に入れなくてもよいかなと……。

古居教授：なるほど。しかし，今回の改正民法 120 条 2 項のように，立法によって矛盾が生じている場合には，立法論に触れることも職務の範囲内であるといってよいと思いますよ。

新舞准教授：民法の講義で，どこまで立法論に立ち入るかは，もう一度考えてみます。今回の改正民法の講義に関しては，立法論に言及することは，確かに，良心の呵責に耐えるよりも，精神衛生上は，良いのかもしれません。

古居教授：そうですね。こんなにも「嫌な質問」をする学生は，多分いないでしょうから，先生が改正法に関して率直な感想を述べられれば，学生たちもそれなりに納得するのではないでしょうか。

新舞准教授：古居先生，先生は相変わらずお元気ですが，私の方は，すっかり疲れてしまいました。今日の模擬講義とはこれで

第 1 章　改正民法を教える教員の戸惑い

終わりにしたいのですが，よろしいですか？
古居教授：そうですね。今日の模擬講義は，これで終わりにしま
しょう。

3　改正民法の概説書は，学生の鋭い質問には役に立たないのではないか？

法学部で民法を担当することになった先生方は，改正民法が正しいことを前提にして，解説書やコンメンタールや教科書（概説書）を執筆し，または，そのような概説書を読んで，講義をすることでしょう。しかし，そのような概説書を読んでも，「錯誤が瑕疵ある意思表示であると規定する改正民法 120 条 2 項は，意思表示に対応する意思を欠く錯誤を規定する改正民法 95 条 1 項 1 号と矛盾している」などということを指摘する概説書は存在しません。

「意思の不存在」として，その法律効果が，無効とされている心裡留保（民法 93 条），虚偽表示（民法 94 条）に対して，同じく意思の不存在である「意思表示に対応する意思を欠く錯誤」（民法 95 条 1 項 1 号）について，その法律効果が，改正民法によって，突如，無効ではなく，取消しとされることになりました。したがって，意思の不存在に関する民法 93 条，民法 94 条，民法 95 条 1 項 1 号を整合的に説明する概念として，「相対無効」（取消的無効）の考え方の重要性は，むしろ，高まっています。それにもかかわらず，改正民法の一部の概説書には，以下のような記述がなされているのが現状です。

10

取消権について規定する 120 条に，「錯誤……によって取り消すことができる行為は，瑕疵ある意思表示をした者又はその代理人若しくは承継人に限り，取り消すことができる」ことが規定された。これにより，錯誤による意思表示について相対無効とする解釈論は意義を失った［潮見他・改正民法（2018）66 頁（山下純司執筆）］。

改正民法の概説書が，改正民法に対する無批判的な記述のレベルにとどまっているのは，民法を教える教員が，改正民法を矛盾なく教えたいとする教師目線で条文を見ているからだと思われます。しかし，そのような甘い考え方は，上記のように，ゼロから改正民法を学び始めた学生たちの素朴な質問によって吹き飛んでしまうのが現実でしょう。

法務大臣の諮問（第 88 号・2009/10/28）に関する審議が長引いていた民法改正案に反対したり，修正意見を出す機会も十分にあったりしたのに，大勢に流されて，修正意見を出さなかった教員の悔恨の情は，まことに深いものがありますが，もはや後の祭りです（［加賀山・改正案の評価（2015）137-138 頁）］）。

4　本書の目的

そこで，本書では，次々と出版されている改正民法の概説書では説明されていないけれども，改正民法の不具合によって，学生の質問に教員が立ち往生すると思われるトピックスを厳選して，それを切り抜ける教授法（教えるというよりは，学生たちの積極的な批判精神をサポートするものを含む）を示してみたいと思います。これを契機として，教員同士とか，教員と学生とが，あるべき民法の

第 1 章　改正民法を教える教員の戸惑い

理想像について語り合う機会が増えるならば，それは，不幸中の
幸いとなることでしょう。

第2章

民法教員が説明に窮する代表的な論点

　改正民法を教授する際に，民法教員が説明に窮する代表的な論点は，先に述べたように，「意思の不存在」と「瑕疵ある意思表示」における効果の違いの整合性の問題でしょうが，その他にも，説明に窮する論点が山ほど存在します。

　そこで，本書では，教員が説明に窮する典型的な12の論点を例示し，それぞれの論点について，改正民法の模擬講義をした若手教員に対して古参教員が現行民法の立場から鋭い質問をし，両者で議論を繰り広げるという場面を具体的に示し，そこでの議論を通じて，教員自身が納得できる説明のあり方を模索したり，議論したりする方法を提案することにします。

第1節　無効と取消しの境界の崩壊

1　意思無能力者の法律行為（無効），制限行為能力者の法律行為（取消し）

　改正民法によって新設された民法3条の2によれば，「意思表示をした時に意思能力を有しなかったときは，その法律行為は，

13

第２章　民法教員が説明に窮する代表的な論点

無効とする」とされています。当事者が意思能力を有しないのであれば，その法律行為が無効となるのはごく当たり前のように感じられます。

　しかし，民法７条以下の制限行為能力者の代表とされる成年被後見人は，「精神上の障害により事理を弁識する能力を欠く常況にある者」（民法７条）とされています。すなわち，成年被後見人は，常に，事理を弁識する能力を欠いているというのです。例えば，認知症に罹患して，日常生活にも支障が生じている人が行った法律行為は，一律に取消しができる法律行為となります。その時点で，完全に事理弁識能力を欠いており，意思能力も欠いている場合であっても，要件の証明が困難な改正民法３条の２ではなく，民法９条に従って，取消しをするのが通常でしょう。

　無効と取消しとの法律効果の区別の１つは，前者（無効）は，追認ができない（民法119条）のに対して，後者（取消し）は，取消しの原因となっていた状況が消滅した時，例えば，正気を取り戻したときには，追認が可能です（民法122条）。

　改正民法３条の２が適用される典型例は，飲酒によって酩酊状態となった状態で行った法律行為ですが，この場合，正気を取り戻した本人がその法律行為を追認することができない無効とする必要があるのでしょうか。認知症に罹患した成年被後見人の法律行為と飲酒によって意思能力を有していない人のした法律行為とで，そのような区別をする必要があるのでしょうか。次の質疑応答を参考にして検討してみてはいかがでしょうか。

14

第1節　無効と取消しの境界の崩壊

【想定問答 **2**】

意思能力を欠く法律行為は，無効か取消しか？
（改正民法 3 条の 2）

古居教授：今日の第 2 回の模擬講義で，改正民法 3 条の 2 によれば，「意思表示をした時に意思能力を有しなかったときは，その法律行為は，無効とする」とされ，民法 7 条～ 9 条を総合すれば，「精神上の障害により事理を弁識する能力を欠く常況にある者」としての「成年被後見人の法律行為は，取り消すことができる」とされていることを確認しました。

新舞准教授：その通りです。改正民法 3 条の 2 の規定は，新設規定ですが，従来の判例の準則を明文化しただけなので，問題はないのではないでしょうか。

古居教授：そうでもないのですよ。よく考えてみると，疑問が生じます。意思表示の時点で，成年被後見人が意思能力を有していなかった場合です。この場合，法律効果は無効になるのですか？それとも，取消しができるに過ぎないのですか？

新舞准教授：民法 7 条～ 10 条の成年後見の制度は，事理を弁識する能力を欠く常況にある者（民法 7 条）については，後見開始の審判を受けることができ（民法 8 条），後見開始の審判を受けた場合には，その成年被後見人の法律行為は，たとえ，その時点で意思能力を有していたとしても，取り消すことができることになります（民法 9 条）。

古居教授：その点についても，現在においては，そのような障害者の権利を一律に制限する制度は，わが国が批准した「障害者権利条約」12 条に違反しているのではないかとの疑問が生じているのですが，そこは，ひとまず，置いておくことにしましょう。さて，意思無能力の制度と，制限行為能力の制度は，

15

第2章　民法教員が説明に窮する代表的な論点

どのような関係になっているのですか？

新舞准教授：通常人が，意思能力を有しない時点で法律行為を行った場合と，成年被後見人が法律行為を行った場合の違いについて考えてみます。

　契約締結の時点で，通常人も成年被後見人も意思能力を有していなかった場合は，前者については，その法律行為は無効となり，正気に戻った後も追認ができませんが（民法119条），後者については，無効を主張することも，また，取消しできる行為に過ぎないとして，成年後見人がその行為を追認することもできます（民法122条，124条）。そして，前者は，意思能力を有していた場合には，法律行為は当然に有効ですが，後者は，たとえ，意思能力を有していた場合でも，その法律行為は，取り消されるおそれがあります。

古居教授：抽象的な説明としてはよく理解できます。しかし，具体例を考えてみると，疑問が湧いてきます。

　例えば，AさんとBさんとは，ともに認知症に罹患し，事理を弁識する能力を欠く常況にあるとします。しかし，Aさんは，後見開始の審判を受けておらず，反対に，Bさんは，後見開始の審判を受けて，Cさんが成年後見人に就任しているとします。

新舞准教授：はい。場面設定は理解しました。

古居教授：さて，Aさんも，Bさんも意識が正常に戻った時点で，妻にプレゼントしようと高価な貴金属を購入したとします。この場合，Aさんの法律行為は有効ですが，Bさんの法律行為は，推定相続人の意を体する成年後見人によって取り消される場合があります。

　先に述べたように，この結果（意思能力を有していた時点で行ったBさんの法律行為が取り消される恐れがあるという結果）

は，わが国が批准している**障害者権利条約 12 条**に違反するおそれがあり，今後の民法改正の課題だとされています。しかし，この問題は，今のところは，議論しないことにしましょう。

新舞准教授：わが国が高齢化社会に向かっている現在こそ，**障害者権利条約を考慮した成年後見制度の見直し**を民法改正の目玉とすべきだったのに，今回の改正は，この問題を放置しました。これこそが，改正法の大きな問題だと思います。でも，この立法問題を論じ始めると，改正民法を解説する時間が無くなってしまうので，今回はスルーするのですね。

古居教授：その通りです。元の話題に戻りましょう。AさんもBさんも，契約時点で意思能力を有していなかったが，後日，正気を取り戻したときに，2人とも，この契約を追認したいと考えたとします。Aさんの法律行為は**改正民法3条の2**によって無効となるので，追認ができません。これに対して，Bさんの法律行為は，その法律効果が取消しなので，Cさんによって（行為能力を回復した場合はBさんによっても）追認することが可能です（民法 122 条）。このようなちぐはぐした結果を回避するためには，先生はどのような解釈，または，立法論を展開されますか？

新舞准教授：立法論としては，障害者権利条約に違反するおそれのある成年後見制度は全廃して，**事務管理の規定**（民法 697 条〜702 条）に従って，第1に，**本人の意思を尊重しつつ**（民法 697 条2項），第2に，本人の意思を知ることも推知することもできない場合に限って，**最も本人の利益になる方法**（民法 697 条1項）に基づいて，本人の支援をすることが最良の方法だと思います。

古居教授：なんだ。先生は，立法論もできるじゃないですか。それでは，解釈論はどうですか？

第 2 章　民法教員が説明に窮する代表的な論点

新舞准教授：解釈論としては，成年後見制度を否定することができないので，成年被後見人と意思無能力者とに同等の権利（追認権）を与えるべく，意思無能力者の行為も，正気に返った場合には，追認を認めるという方向での解釈をしたいと思います。

　しかし，意思無能力者がなした法律行為は無効とするというのが，大審院以来の判例（大判明 38・5・11 民録 11 輯 706 頁）の準則であり，現実問題としては，それを明文化した改正民法 3 条の 2 の規定も尊重するという解釈が必要だと思います。

古居教授：また，墓穴を掘りましたね。

新舞准教授：えー。またですか？なんで，そうなるのですか？

古居教授：意思能力を有しない者がした法律行為は無効であるという法理は，大審院以来の判例の準則であり，改正民法 3 条の 2 は，それを明文化したものだから尊重に値すると言われるので，お伺いします。

　民法 95 条におけるいわゆる要素の錯誤について，大審院以来のすべての判例を検討しても，その法律効果を「無効」ではなく，「取消し」であるとした判例が 1 件でもありますか？先生を含めて，わが国の学説で，いわゆる要素の錯誤の法律効果が取消しであるとしていたものが存在するのですか？

　そのような判例も学説もないにもかかわらず，改正民法がすべての錯誤の法律効果は無効ではなく，取消しであるとしたことに，いったい，どのような正当化の根拠，尊重の根拠があるのですか？

新舞准教授：そこをつかれるとは思っていませんでした。確かに，古いものだから悪い，新しいから良いとか，一概に言うことはできませんね。

古居教授：その通りです。明治時代の古い判例に依拠するのだったら，明治時代以来の現行民法に依拠してもいいわけです。

第 1 節　無効と取消しの境界の崩壊

新舞准教授：私は，民法 3 条の 2 の**意思能力**の制度について，民法 5 条以下の**制限行為能力**の問題と比較すると，一方は，意思能力を欠くので，「無効」，他方は，行為能力が制限されているだけなので，「取消し」というように，説明すればよいと思っていたのです。

古居教授：そうですね。たぶん，大多数の先生方は，そのような抽象的な概念の操作によって解説をして終わりにするのでしょうね。

新舞准教授：しかし，制限行為能力といっても，「**事理弁識能力を欠く常況にある**」成年被後見人のような具体例を考えてみると，実は，「**意思能力を有しない者**」と区別することは困難であり，前者を取消し，後者を無効というように，一概に峻別することはできないと思うようになりました。

　それにしても，先生と議論していると，思わぬ点から攻めてこられるので，本当に疲れます。今日の模擬講義は，これで終わりにしてもいいでしょうか。

古居教授：全国で改正民法を教える先生方も，ご苦労が多いと思います。抽象的概念だけを取り上げて，終わりにするのではなく，具体的な例を挙げて解説するようにすると，問題解決の手掛かりがつかめるかもしれません。

19

第2章　民法教員が説明に窮する代表的な論点

2　意思の不存在 無効 と瑕疵ある意思表示 取消し との関係

すでに，具体例（想定問答1：本書4頁）で示した通り，民法95条1項1号の「意思表示に対応する意思を欠く錯誤」の法律効果が取消しとなる理由を説明するのは，至難の業です。

読者の皆様にも，具体例（想定問答1）に立ち返って，確認のための復習をお願いしたいと思います。

第2節　用語法の混乱

1　「時効の中断」から「時効の更新」へ

従来の用語法である「時効の中断」とは，時効期間というタイマーをリセットすることであり，確かに「中断」という用語法は改善が望まれていました。しかし，それを時効の「更新」と改めたのでは，さらに混乱を増すだけです。なぜなら，「更新」という用語は，期間が満了した後に以前と同一の条件で継続することを示すものとして，例えば，民法619条1項では，「賃貸借の更新」として使用されています。従来の用語法である「時効の中断」を「時効の更新」と変更するならば，時効期間が満了した後に，時効期間が同一の条件で延長されると誤解されるおそれがあります。したがって，時効の中断は，「時効の中断・再開」とでも表現すべきだということになるのではないでしょうか。

20

第2節　用語法の混乱

【想定問答3】
時効の更新か中断・再開か？
（改正民法147条～161条）

古居教授：今回の模擬講義を拝聴して，初めて「時効の中断」という用語が，改正民法では，「時効の更新」へと変更されたことを知ったのですが，驚きました。

新舞准教授：えっ，どうして驚かれたのですか？

古居教授：「時効の中断」というのは，時効期間が満了する前に，時効中断事由が生じた場合に，時効の進行をストップさせ，タイマーをリセットして，その時点から，時効の進行が再開されるという制度です。確かに，時効の中断というと，リセットせずに再開するという誤解を生じさせるので，用語自体については，改善の余地がありました。

新舞教授：だからこそ，改正法は，誤解のないように新しい用語法を採用したのです。

古居教授：しかし，「時効の更新」というのも，あまり感心した用語法ではないように思います。なぜなら，更新という用語は，法律辞典でも，以下のように説明されているからです。

> 「更新」とは，契約の存続期間が満了したときに，その契約をさらに継続させることである（民法619条参照）。

　「時効の更新」は，時効期間の満了前に生じるので，従来の「更新」の用語法とは矛盾します。先生は，このような用語法の変更について，どのようにお考えですか？

新舞准教授：確かに，時効の更新は，時効期間中に生じるので，期間の満了後の継続という点では，従来の用語法との間に齟齬

21

第2章　民法教員が説明に窮する代表的な論点

があります。

　　しかし，時効の更新が生じた後は，はじめに予定されていた時効期間と同じ時効期間が継続するので，同じ時効期間で時効が継続するという側面では，更新との類似性があるといえます。

古居教授：そうだとしても，「更新」というのは期間が満了したことが前提となる概念ですから，違和感をぬぐえないですね。「時効の更新」というよりも，時効の「中断・再開」とする方が，今までの用語法との連続性があるし，分かりやすいと思いませんか？

新舞准教授：そんなことをいっても，もう決まったことですから，更新の使い方が2つ生じたと考えるべきでしょう。

　　したがって，今後の法律辞典は，「更新」の説明の際に，契約では，「契約の存続期間の満了後にさらに契約を継続すること」であるが，時効については，「時効期間中に一定の事由が生じた場合に，最初に予定された時効期間が，その時点から継続すること」というように定義されることになると思いますね。

古居教授：教科書の執筆者は気楽に書き直すのでしょうが，辞書の編纂者は大変ですね。

新舞准教授：教科書の執筆者も大変だと思いますよ。でも，決まったことですから，淡々と変更するほかないですよね。

古居教授：決まったことだから仕方がないですか？腑に落ちないけど，仕方ないですね。

新舞准教授：えっ。先生，今回は，やけに，おとなしいですね。どこか具合でも悪いんですか？

古居教授：いやいや，質問を一時「中断」しただけです。質問は，次に続きますよ。

2 「時効の中止」から「時効の完成猶予」へ

　従来の「時効の中止」というのは，時効期間が満了した場合に，一定期間，時効の完成を猶予することです。したがって，この用語は，改正民法によって，「時効の完成猶予」へと変更されました。しかし，時効期間の満了後に時効期間を継続するというのは，まさに時効の短期更新と同じことなので，「更新」と「完成猶予」という区別は，用語法としては問題がありそうです。

【想定問答**4**】
時効の完成猶予か短期更新か？
（改正民法 147 条～161 条）

古居教授：時効の中断を改めた「時効の更新」については，いまだに納得はいかない（「時効の中断・再開」とすべきだと考えています）のですが，従来「時効の中止」といっていた概念が，「時効の完成猶予」と変更されたのは，とても分かりやすくていいと思います。

新舞准教授：おやおや。改正民法には批判的だったのに，「時効の完成猶予」については賛成なのですね。

古居教授：いやいや。そうではなくて，これまで時効の中断事由とされてきた請求のうち，確定判決，または，確定判決と同一の効力を有するものによって権利が確定した場合（改正民法 147 条 2 項）と，単に裁判上で，もしくは，裁判外で請求が行われた場合とを厳密に区別して，前者は，「時効の更新（私としては，時効の中断・再開）」，後者は，「時効の完成猶予」とした点について，分かりやすくなったと評価しているだけです。私が読んだ［潮見他・Before/After（2017）61 頁（松久三四彦

第2章　民法教員が説明に窮する代表的な論点

執筆）］の表は，すごく分かりやすくて，お薦めですね。

新舞准教授：そうなんですか。それで？

古居教授：はい。これからが本番です。確かに，「時効の完成猶予」という用語は分かりやすいのですが，改正後の「時効の更新」と「時効の完成猶予」という2つの概念を比較してみると，おかしなことに気づきます。

新舞准教授：やっと，いつもの先生の調子になられましたね。

古居教授：「時効の更新」は，時効期間中に生じる問題です。これに対して，「時効の完成猶予」は，本来は，時効期間の満了後に生じる問題です。「時効の更新」が本来の更新の概念とは矛盾することは，前回，すでに指摘しました。そして，「時効の完成猶予」こそが，時効期間が満了後にその期間をさらに延長するものなのですから，この「時効の完成猶予」を「時効の更新」，厳密には，「時効の短期更新」と呼ぶべきではないかと思うのです。

新舞准教授：「時効の更新」は，実は，本来の「更新」ではなく，むしろ，「時効の完成猶予」こそが，「時効の更新」というにふさわしいというのですか？

古居教授：そうです。改正法の「時効の更新」は，期間が満了するまでに生じる事由ですから，本来の更新ではないのに対して，「時効の完成猶予」は，時効期間が満了した後にその期間を延長するのですから，まさに，「時効の短期更新」なのです（本書72頁）。

新舞准教授：……（しばし，立ち往生。しかし，思い直して）せっかく，珍しく褒めてもらった「時効の完成猶予」という用語法も，改正法の「時効の更新」との関係では，「完成猶予」の方が，むしろ「更新」に近いということですね。しかし，「完成猶予」の場合には，猶予される期間は，もともとの時効期間と

24

は異なるのですから，厳密な意味での「更新」とも異なりますね。

古居教授：その通りです。ですから，私は，「時効の短期更新」と言ったのです。いずれにしても，従来の「時効の中断」を「時効の更新」とするよりも，「時効の完成猶予」の方を「時効の更新」とした方がましではありませんか？

新舞准教授：困ったことになりましたね。逆転の発想なので，準備が十分できていません。

　またまた，疲れてしまったので，今回の模擬講義は，これで終わってもいいですか？

古居教授：そうですね。模擬講義の２回分を続けて行いましたから，お疲れでしょう。今日のところは，これで終わりにしましょう。

第3節　利益相反行為の制御不能

1　利益相反行為の許諾による代理人のやりたい放題

　法律問題で最も困難な問題は，当事者の利益が相反する場合に，どのような解決を図るかということだとされています。しかし，改正民法は，この点について，利益相反の事態を放置する傾向が強くなっているのが気にかかります。

　専門家の不祥事（専門職の場合を含めて，成年後見人による成年被後見人の財産の横領，本人の意思を無視した代理人の権限濫用など）がさかんに報道されています。民法108条の「規制緩和」はこれでよいのでしょうか。

第 2 章　民法教員が説明に窮する代表的な論点

【想定問答 **5**】

代理人の利益相反行為を制御できるか？
（改正民法 108 条）

古居教授：第 5 回目の模擬講義を拝聴して，改正民法 108 条は，
　1 項については現行法と同一の規定であることを確認しまし
　た。第 1 項については，問題はありません。しかし，新設され
　た改正民法 108 条 2 項は，利益相反行為について，本人があら
　かじめ承諾した場合には，それを有効とするものです。これ
　は，利益相反行為に目をつぶるという，法曹倫理に反する規定
　であり，とても正当化ができるものとは思えません。

新舞准教授：法律の話だと思って聞いていたら，倫理の問題なん
　ですか？

古居教授：民法は，市民生活の実体規範でもあると同時に裁判規
　範でもあるので，法曹倫理の問題と絡まるのです。利益相反行
　為について，あらかじめ本人の承諾をとっておけばよいという
　のなら，事業者が約款によって規定しておけばそれでよいこと
　を意味しませんか？

　　弁護士とか司法書士とかの法律専門職にある人は，口では，
　「法曹倫理の根幹は利益相反行為をしないことである」などと，
　のたまいつつ，法曹倫理に反することを改正民法によって正当
　化しようとしているのではありませんか？

新舞准教授：確かに，利益相反行為の場合には，民法 826 条（利
　益相反行為）に典型的に表れているように，裁判所が選任する
　特別代理人によって，利益相反行為を防止するというのが原則
　ですね。一般社団・財団法人法の成立によって削除された，民
　法旧条文 57 条（利益相反行為）も同様のことを定めていました
　ね。一般社団・財団法人法 84 条（競業及び利益相反取引の制限）

第3節　利益相反行為の制御不能

も利益相反行為については，特別の規定を置いています。

古居教授：その通りです。このように，利益相反行為を防止するために，親族法とか，特別法で様々な工夫がなされているのと比較すると，創設された**改正民法 108 条 2 項**は，お粗末な規定であることは認めざるをえないのではないですか？（本書 73 頁）

新舞准教授：しかし，決まったものは仕方がないので，問題点を意識しつつも，あらかじめ本人の承諾を得れば，代理人は利益相反行為を行うことができるということを理解してもらうように解説すべきではないのですか？

古居教授：あれっ，また，「決まったから仕方がない」ですか？

　法曹倫理の根幹を占める利益相反行為について，民法が，このような安易な規定を創設したことは，改正民法の立法過程でも弁護士たちによる圧力が働いたからではないのですか？

　もしも，立法に弁護士が参画しながら，このような**法曹倫理**に反する規定が創設されたとすると，この規定自体が，**利益相反行為**として無効となるのではないでしょうか？

新舞准教授：いつもながら，先生の法曹への風当たりは強いですね。それにしても，立法行為に関する利益相反行為規定の類推というのは，大変興味深い問題提起ですね。

　しかし，この問題は，私の能力を超える問題なので，私としては，憲法とか行政法とか法哲学の先生に，この問題に関して，ご意見を伺ってみるしかないですね。

　そう思うと，どっと疲れが出てきました。今日の模擬講義はこの辺で終わりにしてもいいですか？

古居教授：法曹倫理については，言いたいことがいっぱいあるのですが，民法の講義の領域を超えてしまうので，今日の模擬講義は，これで終わりにしましょう。

27

第2章　民法教員が説明に窮する代表的な論点

2　管財人なしの小破産手続における一債権者のやりたい放題

　詐害行為取消権は，小破産といわれることがあり，特定の債権者が債務者と共謀して，債務者の責任財産を隠匿する等の不正な行為（詐害行為）を防止するために，他の債権者がそのような詐害行為を取消し（否認）することを認める制度です。この点は，破産手続に類似します。したがって，改正民法が，破産法の制度を丸ごとコピーして民法に移植したのも無理のないことです。

　しかし，破産法の場合には，一部の債権者の不正行為を制御するのは，他の債権者ではなく，裁判所によって選任された中立的な管財人です。そのような管財人ではなく，一部の債権者に管財人と同等の権限を与えることにした改正民法は，利益相反の考え方に反しているのではないでしょうか。

―――――――【想定問答 **6**】―――――――

詐害行為取消権者の暴走を止められるか？
（改正民法 424 条の 6）

古居教授：第 6 回目の模擬講義を拝聴して，**債権の対外的効力**として，1ヵ条（民法 423 条）しかなかった債権者代位権の規定が，判例の準則を明文化して 7ヵ条（改正民法 423 条〜423 条の 7）に整備されたことを確認しました。

　　そして，424 条〜426 条の 3ヵ条しかなかった詐害行為取消権の規定も，破産法の規定をほとんどそのままコピーして 14ヵ条（改正民法 424 条〜424 条の 9，425 条〜425 条の 4，426 条）になったことを確認しました。

第3節　利益相反行為の制御不能

新舞准教授：どちらも，債権の対外的効力として取り扱うテーマ
なのですが，確かに，改正の方法は，両者で極端に異なってい
ますね。

古居教授：債権者代位権の規定については，直接訴権（民法613
条など）との関係が不明確であるという点を除けば，判例の考
え方がほぼ明文化されて，分かりやすくなったと感じます。

新舞准教授：債権者代位権については，古居先生は，本当は，
おっしゃりたいことがたくさんあるんでしょう？

古居教授：そうなんですが，そこは核心ではないので，省略しま
す。しかし，詐害行為取消権の方は，従来の判例の準則を明文
化したのではなく，破産法の条文をパクっただけでなく，詐害
行為を行った債権者と同等の資格しか有しない他の債権者が，
逸失された財産を独り占めできる（改正民法424条の6，424条
の9）という，債権者平等の原則に反するひどいものになって
いると思います。

新舞准教授：改正民法424条の6（財産の返還又は価額の償還の請
求），および，424条の9（債権者への支払又は引渡し）は，破産
法の規定とも平仄が合っているだけでなく，詐害行為を請求す
る債権者のイニシアティブを評価するという判例の準則を明文
化したものでもあり，破産法ほどに債権者平等の原則を強調で
きない詐害行為取消権の制度としては，むしろ，妥当なものと
いえると思っていたのですが，そうではないのですか？

古居教授：破産法と平仄が合っているとおっしゃいますが，破産
法の場合には，裁判所によって選任された破産管財人が支払又
は引渡しを受けるので，問題がないのです。

　　詐害行為取消権の場合は，詐害行為を行った債権者と同じ資
格しか有しない，むしろ，遅れてきた債権者が，詐害行為を理
由に，逸失した財産を独り占めすることを認める規定になって

29

第2章　民法教員が説明に窮する代表的な論点

いるのです（本書 77 頁）。

新舞准教授：でも，そこは，判例の準則を尊重して立法化された点なので，それほど悪くはないように思います。

古居教授：いやいや，現行民法 425 条が詐害行為の「取消しは，すべての債権者の利益のためにその効力を生ずる」と規定していたのを，改正民法 425 条は，「詐害行為取消請求を認容する確定判決は，債務者及びその全ての債権者に対してもその効力を有する」という的外れな手続法の規定へと改変させて，その実体法的精神を喪失させています。

　　一債権者による逸失財産の回復を，他の一債権者の独占に委ねることが，公平を旨とする民法の精神に反すると，先生は，思われないのですか？

新舞准教授：先にも述べましたが，債権者平等原則を採用する破産法の規定を盛り込みつつ，判例準則に従って，詐害行為取消権を行使する債権者のイニシアティブを尊重して，その債権者に権限を与えたという立法者の意思は尊重されるべきであり，そのように決まったことを理解することが大切だと思います。

古居教授：また「決まったことなのだから尊重せよ」ですか？

　　破産法の考え方を民法に導入するのであれば，債権者間で利益相反が生じないように，詐害行為取消権の執行を行う公平な管理者（特別代理人）を選任すべきです。一債権者に過ぎない詐害行為取消権者に支払・引渡受領権を与えるのは，危険すぎませんか？ここでも，利益相反行為の危険防止の観点が抜け落ちていると思われないのですか？

新舞准教授：利益相反行為を持ち出されるとは思いもしなかったので，準備不足です。予想もしないことを持ち出されると，どっと疲れが出ます……。

古居教授：民法は，破産法とは違うのに。ボワソナード先生が泣

30

いていますよ……。しかし，肝心の先生がお疲れでは仕方がありませんね。今回は，これで終わりにしましょう。

第4節 債務不履行における履行「不能」の役割の終焉

従来の学説においては，債務不履行は，
① 履行遅滞，
② 履行不能，
③ 不完全履行（瑕疵ある履行）
の3つに分類されていました。しかし，このどれにも属さない履行拒絶が欠けていることが指摘されてきました。

改正民法は，第4の概念として，「履行拒絶」を明文で認めたのですが，そのために，今度は，「履行遅滞」と「履行拒絶」が認められれば，立証が困難な「履行不能」という概念は不要ではないのかとの疑問が生じています。

1 履行不能と履行拒絶との関係

債務者に帰責事由がない場合の履行不能は，債務不履行とは別次元の問題として捉えられてきました。これに対して，改正民法は，以下のように，これらの問題をすべて，契約責任における債務不履行の問題として再構成することになりました。

第２章　民法教員が説明に窮する代表的な論点

1. 原始的不能
   A）　原始的一部不能……法定責任としての瑕疵担保責任
   　　　➡契約不適合の問題へ
   B）　原始的全部不能……契約の無効
   　　　➡履行不能の問題へ
2. 後発的不能
   A）　後発的一部不能……損傷による危険負担
   　　　➡帰責事由不要の解除の問題へ
   B）　後発的全部不能……滅失による危険負担
   　　　➡帰責事由不要の解除の問題へ

　しかし，履行不能のすべてを債務不履行の問題として捉えることになると，そもそも，履行不能という概念も不要ではないかとの疑いが生じます。

　なぜなら，履行不能の特色は，無催告解除をもたらす点で履行遅滞との差があるのですが，今回の改正で，無催告解除をもたらす「履行拒絶」という概念が採用されたため，履行不能の最大の特色がなくなってしまったからです。

　しかも，履行不能の概念は，時代とともに変化し，科学技術が発展すればするほど，不能の範囲は狭まります。

第4節　債務不履行における履行「不能」の役割の終焉

― 【想定問答**7**】 ―

履行拒絶の概念の採用による影響は何か？
（改正民法 415 条）

古居教授：債務不履行の概念は，従来は，①履行遅滞，②履行不
能，③不完全履行（瑕疵ある履行又は商品性の不適合）の３つに
分類されてきました。しかし，この三分類においては，第４類
型である「履行拒絶」が抜け落ちていました。そこで，改正民
法では，債務不履行の類型に「履行拒絶」の類型が追加された
ということですね。この点は，第７回目の模擬講義を拝聴し
て，よく理解できました。

新舞准教授：欠陥が指摘されてから長い年月が経っていた**債務不
履行の三分類**が，今回の民法改正によって，四分類に変更され
たことは，画期的なことだと思います。

古居教授：確かに，「履行拒絶」の概念が加わったことは，非常
に有益です。「履行拒絶」の概念が追加されたおかげで，債務
不履行の証明の観点からは，履行期に履行がない場合の分類
は，債権者が「履行期に履行がないが，債務者は履行をする意
思があるのかどうか？」を尋ねてみて，「履行する」という答
えの場合には，**催告解除**が可能となり，「履行しない」という
答えの場合には，履行拒絶として**無催告解除**をするというよう
に，「履行するつもりがあるかどうか」を尋ねるだけで，問題
の解決ができることになりました。

新舞准教授：なるほど。新しく取り込まれた「履行拒絶」の概念
を活用すると，債務者が履行期に履行をしない場合には，債権
者は，「履行するかどうか」を尋ね，「債務者が履行する」と答
えれば，相当期間を定めて履行を催告し，その期間内に履行が
なければ，解除ができる。もしも，債務者が，「履行しない」，

33

第２章　民法教員が説明に窮する代表的な論点

とか，「履行できない」とか言えば，催告なしに解除ができるということになったのですよね。

古居教授：そのように考えると，債務不履行の分類は，弁済期に履行がない場合について，①履行遅滞と②履行拒絶の２つの概念があればよく，弁済期に履行がある場合には，③不完全履行（瑕疵ある履行）を合わせると，３つの概念だけが必要であることになりますね。つまり，債権者にとって証明が困難な，債務者側の「履行不能」という概念は，もはや，その歴史的使命を終え，不必要となったのではありませんか（本書75頁）？

新舞准教授：えっ。「履行不能」の概念が不要となるというのですか？面白い発想ですが，債務者に履行の意思を尋ねた場合，「履行する意思がない」という履行拒絶と「履行する意思があるが履行できない」とは，違うのではないですか？

古居教授：先生もいい質問をなさいますね。

新舞准教授：恐れ入ります。

古居教授：債権者としては，債務不履行のうちのいずれに該当するかを証明する必要があるのですが，債務者の領域内（敵の陣地）にある事由である「履行不能かどうか」を証明することは困難です。これに対して，「相当期間内に履行するつもりがない」という意味での「履行拒絶」は証明が容易です。

新舞准教授：債権者の立場に立って，証明問題を考えているのですね。

古居教授：その通りです。例えば，債務者に「相当期間内に履行するのか，しないのか，Yes か No で答えてください」と問いかけ，債務者が Yes と答えれば，履行遅滞なので催告解除をすればよく，債務者が No と答えれば，履行拒絶なので，催告せずに解除ができるということになります。いずれにしても，証明困難な「履行不能」を問題にする必要がなくなるのです。

34

第4節　債務不履行における履行「不能」の役割の終焉

> 新舞准教授：債権者の証明主題である履行不能について，「相当期間内に履行するかどうか」と問うだけで，催告解除か，無催告解除が決まるのだとすれば，確かに，履行不能を問題にする必要はなくなりますね。
>
> 古居教授：今回は，先生らしくなく，やけに飲み込みがいいですね。
>
> 新舞准教授：お褒めに預かり光栄です。今回は，いつもに比べて，話がトントン拍子で進みました。今回の模擬講義はこれで終了にしたいと思います。

2　履行遅滞と履行不能との関係

　従来から，債権者が債務者の側で生じている事由が，不能であることを証明することはほとんど不可能でした。したがって，履行不能が明らかになるのは，債務者がそのことを主張・立証した場合に限定されてきました。履行不能が大きな争点となった有名な漁網用タール事件においても，原告が主張したのは，履行遅滞に対する催告による相当期間経過後の解除でした。

　科学技術の進展によって，履行不能の範囲が狭まっている現在において，履行不能は，必然的に，履行遅滞を引き起こしますから，債権者としては，証明が困難な履行不能を主張する必要はなく，債務者が履行を欲しないなら，履行拒絶を理由に無催告解除ができる上に，債務者が履行を欲している場合にも，催告解除が可能となりますから，履行不能を理由に契約を解除する必要は少しもないことになるのではないでしょうか。

第2章　民法教員が説明に窮する代表的な論点

───────── 【想定問答 8】 ─────────

履行不能の概念は生き残れるか？
（改正民法 541 条，542 条）

新舞准教授：前回の模擬講義で，「履行不能」の概念が「履行拒絶」の概念によって不要となったかどうかの議論において，古居先生に褒められて，つい納得してしまったのですが，よく考えてみると，やはり，「履行できない」と「履行しない」という概念には違いがあるのではないかと考え，納得したのは，早とちりではなかったかと思います。

古居教授：そうですか。でも，具体的な事例を考えてみると，債権者が証明主題である「履行不能」を証明することは困難ですよ。たとえば，履行不能に関する最も有名な漁網用タール事件（最三判昭 30・10・18 民集 9 巻 11 号 1642 頁）について，原告のもともとの請求が履行不能による解除ではなく，履行遅滞による催告解除であったことは，そのことを明らかにしているのではありませんか？（本書 81 頁）

新舞准教授：なるほど。確かに，あの有名な漁網用タール事件においては，履行不能であることが裁判の過程で明らかになるのですが，原告のもともとの請求（訴訟上の請求）が履行不能による解除ではなく，履行遅滞による催告解除であることに，長い間，違和感を覚えていました。

古居教授：そうでしょう，そうでしょう。

新舞准教授：今回の想定問答を通じて，漁網用タール事件の場合には，債権者にとって，債務者が第三者の敷地内にある溜池に保管していたタールがその敷地の所有者の労働組合員が労働争議の際に，すべて処分して滅失してしまい，履行が不能になったなどという事実を証明することができないため，「相当期間

第4節　債務不履行における履行「不能」の役割の終焉

　　内に履行するかどうか」を尋ね，「No」という返事を受けて，
　　催告解除を請求したのだということが分かり，はじめて納得し
　　ました。

古居教授：今回も飲み込みがいいじゃないですか？

新舞准教授：しかし，このように考えると，今回の民法改正に
　　よって，債権者にとって証明困難な「履行不能」に代えて，証
　　明の容易な「履行拒絶」の概念が採用されたということは，画
　　期的なことですね。その意味では，民法（債権関係）改正は高
　　く評価できるのではないですか？

古居教授：論点をそこに持ってきましたか？先生らしい鋭いご指
　　摘だと思いますが，証明困難な「履行不能」を残したために，
　　検証不可能な「社会通念」という不必要な概念が立法に取り込
　　まれることになったのですから，「履行不能」の概念が必要か
　　どうかという論点から考えると，改正民法の評価を高めること
　　はできませんよ。

新舞准教授：相変わらず，改正民法に厳しいですね。今回の模擬
　　講義では，改正民法のよい点と問題点とが明確になったので，
　　想定問答の意義があったと満足しています。そういうわけで，
　　今回の模擬講義はこれで終わりにしたいと思います。

第2章　民法教員が説明に窮する代表的な論点

第5節　検証不可能な用語の採用

1　「善意」か，「善意かつ無過失」か

　民法の特色の1つに，刑法と比較して，検証可能な要件が比較的に多いという特色があります。刑法では，故意犯が中心に組み立てられているため，故意という内心の意思の証明に苦心するばかりでなく，検証が困難です（筆者は，このことが多くの誤審と冤罪とを生じさせているのではないかと疑っています）。これに対して，民法は，過失（注意義務違反）という要件を中心に組み立てられているため，内心の意思ではなく，何をしたか，しなかったかという外形に表れる行為に基づいて過失が判断されるため，検証が可能です。

　これと同様に，「善意」という内心の意思であって，検証が困難な要件よりも，「善意かつ無過失」という要件は，行為によって判断できるため，検証が可能です。

　改正民法は，この点，従来，「善意」とされてきた要件を，かなりの頻度で，「善意かつ無過失」，または，「故意又は有過失」という要件に書き換えており，判例の準則を採用しているとはいえ，この点は評価されるべきです。

　しかし，推定規定を伴わないまま，善意という単独の要件に頼っている条文がかなり残っています。この点について，再検討が必要でしょう。

第5節　検証不可能な用語の採用

―――――――― 【想定問答**9**】 ――――――――

内心の事実は証明できるか？
（改正民法93条2項，94条2項）

古居教授：前回の第8回目の模擬講義で，「履行不能」の証明の
　困難さについて議論しましたが，その他に，証明が困難な事実
　としては，善意とか悪意とかの当事者の内心の事実に関する問
　題があります。

　　占有のように，善意が推定されているのであれば，問題はな
　いのですが（民法186条1項），意思表示の問題に関して，「善
　意」とか「悪意」とかが問題となる場合には，証明が困難です。

　　この点，「過失」については，以前は，「ぼんやりして，注意
　力を欠いている」などの当事者の内心の問題とされてきたので
　すが，近時では，過失とは，「やるべきことをやっていない」，
　すなわち，「予見可能な結果についてその結果を回避する行為
　をしなかった」という「行為（注意）義務違反」の問題だとさ
　れているため，証明は比較的容易です。

新舞准教授：証明の観点からは，確かに，内心の事実と，外に現
　れる行為とを区別することは重要ですね。それで，今回の第9
　回目の模擬講義に対する先生の質問の核心は何ですか？

古居教授：はい。これからが，核心です。意思表示の最初の条文
　である民法93条（心裡留保）においては，改正民法93条1項
　は，悪意又は有過失（反対事実は，善意かつ無過失）を規定して
　いるのに対して，改正民法93条2項は，過失について規定せ
　ず，善意だけを規定しています（「無効は，善意の第三者に対抗
　することができない」）。改正民法93条2項は，94条2項に平仄
　を合わせて新設された規定であるため，改正民法94条2項が，
　同じく「善意」だけを規定している点について，批判的に考察

39

すれば，同じ結論を得ることができます。

新舞准教授：要するに，改正民法93条1項の規定が善意という内心の意思だけを要件とするのではなく，善意かつ無過失とか，それに対応する，「悪意又は有過失」というように，「**注意義務違反**」という証明可能な行為について規定していることを評価されているのですね。それに対して，改正民法93条2項，および，民法94条2項が，第三者の善意という内心の意思だけを要件としているのは証明の観点からは，問題だということですね。

古居教授：その通りです。民法94条とは対照的に，改正民法95条（錯誤）において，95条4項は，取消しは「**善意でかつ過失のない第三者に対抗することができない**」と規定しています。民法96条（詐欺又は強迫）についても，民法96条3項は，取消しは「善意でかつ過失のない第三者に対抗することができない」と規定しています。

新舞准教授：再度確認しますが，証明の容易さからすれば，「善意」とか「悪意」とかを単独の要件とするのではなく，「**善意かつ無過失**」とか，「**悪意又は有過失**」とかのように，過失を組み合わせることの方が優れているということですね？

古居教授：その通りです。それにもかかわらず，改正民法93条2項と改正民法94条2項とが，第三者の内心の事実について，「善意」を単独で規定しているのはなぜでしょうか？

新舞准教授：民法95条（錯誤），民法96条（詐欺又は強迫）の場合に比べて，民法93条（心裡留保），民法94条（虚偽表示）の場合には，表意者のいわゆる悪質性がより高いので，第三者の過失を問題とすることなく，善意の証明で足ることにしたのでしょう。

古居教授：先生，また，**墓穴を掘りました**ね。

第 5 節　検証不可能な用語の採用

新舞准教授：えーっ。先生の考えをきちんとフォローしていたの
　に，なんで，急にそうなるのですか？

古居教授：よく聞いてください。民法 93 条（心裡留保），民法 94
　条（虚偽表示）のそれぞれの 2 項の場合にも，第三者について，
　証明が容易な「善意かつ過失がないこと」を要件としておき，
　過失の判断について，表意者と第三者の悪質性を考慮して，過
　失の有無の判断を行えば，より確実な証明ができるのですか
　ら，「善意」だけを要件とする理由にはならないと思いますよ
　（本書 71 頁）。

新舞准教授：証明の問題としては，内心の事実については，常
　に，過失を組み合わせておくのが良いとは思います。しかし，
　民法 93 条（心裡留保），民法 94 条（虚偽表示）の場合，第三者
　の「善意」だけを規定することによって，表意者本人の悪質性
　が強調されるので，条文としては分かりやすくなるのではない
　でしょうか。
　　今回は，大枠では，2 人の意見は一致したのですが，改正民
　法 93 条 2 項，94 条 2 項の規定については，見解の相違が明ら
　かになりました。これ以上の議論は困難なので，今回は，これ
　で模擬講義を終わりたいと思いまが，よろしいですか？

古居教授：内心の意思を単独で証明主題とすると，誤審が誘発さ
　れるので，証明が可能な行為を証明主題とするという点さえ一
　致すれば，問題はありません。今日は，これで終わりにしま
　しょう。

41

第 2 章　民法教員が説明に窮する代表的な論点

2　取引上の「社会通念」

　改正民法の最大の問題点は，検証不可能な「社会通念」という用語を条文に採用した点にあります。社会通念とは，「社会で一般的に受け入れられている物の見方・判断」という概念であり，事実によって検証することが最も困難な不確定な概念です。したがって，検証可能な要件を目指すという民事法の流れに逆行する暴挙といえましょう。

　しかも，社会通念が取り入れられた条文は，民法の中でも，適用頻度が比較的高い，以下の 9 つの重要な要件の判断基準として採用されているため，民事事件における検証可能性が極端に低下するという事態を招いています。

1.　改正民法 95 条 1 項（錯誤の判断基準）→本書 71 頁

2.　改正民法 400 条（善管注意義務の判断基準）→本書 74 頁

3.　改正民法 412 条の 2 第 1 項（履行不能の判断基準）→本書 75 頁

4.　改正民法 415 条 1 項（債務不履行における帰責事由の判断基準）→本書 75 頁

5.　改正民法 478 条（いわゆる債権の準占有者の判断基準）→本書 79 頁

6.　改正民法 483 条（特定物の現状引渡しの判断基準）→本書 79 頁

7.　改正民法 504 条 2 項（債権者の担保保存義務の判断基準）→本書 80 頁

8.　改正民法 541 条（催告解除権の喪失要件の判断基準）→本書 81 頁

第5節　検証不可能な用語の採用

9. 改正民法548条の2第2項（定型約款条項の有効・無効の判断基準）→本書83頁

　上記のように，列挙してみると，民法上の最重要概念の判断基準に「社会通念」という最もあいまいで検証不可能な用語が条文に使われることになったことが明らかになります。

　今後に予想される民法改正においては，このような検証不能の用語を民法から払拭することが，最大の課題となると思われます。

【想定問答10】
改正民法の9ヵ条で採用された取引上の「社会通念」は必要か？

古居教授：2018年9月，四国電力伊方原子力発電所（愛媛県）の**再稼働**を認めるに際して，大分地裁，および，広島高裁が「社会通念」を根拠にしたことから，「社会通念」に対する疑問が新聞各紙で報道されています（「原発廃止こそが社会通念」というプラカードの写真は，東京新聞2018年10月6日23-24面（皆川剛，安藤恭子）からの引用です。
その他，朝日新聞2018年10月27日夕刊大阪版1面（五十嵐聖士郎，前田智），朝日新聞2018年11月22日8面（小山美沙）などを参照してください）。

新舞准教授：2011年3月11日の東日本大震災によって，福島第一原子力発電所事故

43

が発生し，甚大な被害を発生させる以前には，原子力発電所が安全であることは「社会通念」だったかもしれませんね。

古居教授：しかし，**東日本大震災以降は**，原子力発電所が安全であることを「社会通念」とすることはできないと思います。

　それにもかかわらず，裁判所が，「社会通念」を根拠に，**原子力発電所の再稼働**を認めたことについて，多くの人が，「社会通念」という用語は，裁判所の恣意的判断を許すものであって，危険であることに気づき始めています。

新舞准教授：法律の規定に「社会通念」という危険な概念が採用されたのは，いつのことですか？

古居教授：法律の規定に「社会通念」という用語が採用されたのは，判例に基づいて立法された**労働契約法**（平成19年法第128号）が最初ですが，民法のように，市民生活の基本法において，しかも，最も重要な概念，例えば，錯誤（改正民法95条1項），善管注意義務（改正民法400条），履行不能（改正民法412条の2第1項），債務不履行（改正民法415条1項），いわゆる債権の準占有者（改正民法478条），特定物の現状引渡し（改正民法483条），債権者の担保保存義務（改正民法504条），催告解除（改正民法541条），約款条項の効力（改正民法548条の2第2項）などの判断基準に「社会通念」が使われるようになると，裁判官の恣意的な判断をコントロールすることができなくなるおそれが生じます。

新舞准教授：なぜ，このように重要な概念について，「社会通念」などという最もあいまいな**概念**を使用しなければならなくなったのでしょうか？

古居教授：「社会通念」という用語は，**一般条項**が存在しなかった戦前において，具体的な事件において，微妙な判断を強いられる裁判官を救う概念として，有名な**大阪アルカリ事件**（大判

第 5 節　検証不可能な用語の採用

大 5・12・11 民録 22 輯 2474 頁）を筆頭に，一般条項に代わるものとして裁判所によって頻繁に利用されてきた有用な概念でした。

　しかし，戦後，民法 1 条において，公共の福祉の遵守，信義則による制限，権利濫用の禁止という一般条項が規定されて以降は，「社会通念」を判断基準にする必要性は，現実にはなくなったのですが，裁判官の好む用語として，惰性的に使われ続けてきました。

　法律の条文にこの用語が使われると，裁判官は，憲法 76 条3 項に則り，この検証不可能な不特定概念を使って，恣意的な判断をすることが正当化されることになり，非常に危険です。

新舞准教授：その意味では，今回に限っては，古居先生の意見に従って，私も，民法の規定に「社会通念」という危険な概念を利用することには反対したいと思います。

　珍しくも，2 人の意見が一致しました。今日の模擬講義はこれで終わりにします。

第2章　民法教員が説明に窮する代表的な論点

第6節　解釈に全面的に依存した改正

1　損害賠償額の予定

(1)　民法改正における立法事実の不在

　今回の民法（債権関係）改正は，改正をしないと特定の紛争解決がままならないという意味での「立法事実」があいまいなまま改正が行われたと言っても過言ではありません（詳しくは，［加藤・民法典はどこにいくのか（2011）］，［鈴木・改正の真実（2013）］を参照してください）。

　このことは，2007 年 4 月 6 日の内閣府・規制改革会議（法務省ヒアリング：民法改正の検討状況について）でのやり取りの議事録（http://www8.cao.go.jp/kisei-kaikaku/minutes/wg/2007/0406/summary 0406.pdf）を読んでみるとよくわかります。

　この議事録を読むと，今回の民法改正の審議が始まった時点において，最も重要な立法事実が存在しなかったことが暴露されています。

　今でも，上記の URL に当時の議論の詳細が残っていますので，興味のある人は読んでおくとよいでしょう。以下に，その要点だけを転載することにします。

第6節　解釈に全面的に依存した改正

〈規制改革会議での議論 1〉**立法事実の存在？**

福井秀夫委員〔規制改革会議 基本ルールタスクフォース委員・政策研究大学院大学教授〕：では，いったい何をやるんですか。抜本的見直しといっても，ふつう，立法をおこなうときには理由があってやるわけです。たとえばこの条文が現代のこういう課題に対応していないとか，あるいは判例が分かれていて，解決がつきにくいとか，そういうものとして想定しているはずです。

　いまの民法の契約法の規定で，実務に対応できないような具体的な問題がいっさいないのであれば，それは法を変えてはいけないということです。

　あるのだったら，それが何かを想定した上で立法過程の俎上にのせるというのが，立法を担当する行政庁関係者の当然のマナーのはずです。あるいは最低限のモラルといっていいかもしれない。それをちゃんと聞かせていただきたいんです。

筒井健夫参事官〔法務省〕：もしそうだとすれば，私どもは具体的な立法作業に入る前の準備的な研究を，いま，始めたとご理解いただいたほうがいいんだと思います。

〈規制改革会議での議論 2〉**改正の具体的な立法事実は？**

福井委員〔規制改革会議〕：準備に当たって，行政庁として，完全に白紙だということはありえない話だと思います。

筒井参事官〔法務省〕：そうでしょうか。民事の基本法ですので，判例・学説などが条文のすき間を埋めてきている。民法百年の歴史のなかで，そういうすき間にあるもの，それが規定の透明性を妨げているのではないかという抽象的なことです。

福井委員〔規制改革会議〕：それを聞きたいんです。たとえばどの

47

第２章　民法教員が説明に窮する代表的な論点

　　条文のどの判例の分かれ方が，規定の透明性を妨げているということなんですか。

筒井参事官〔法務省〕：いま，具体的にこれといって例示を挙げるようなことは，まだ考えていないということを申し上げているわけです。それではご納得いただけないでしょうか。

福井委員〔規制改革会議〕：それは理解できない。行政庁として着手するんだったら，たとえばこの事項についてなんらかの解決が必要だということで，おそらくいまおっしゃったすき間を埋めるということも，そういうことを念頭に置かれているんだと思いますが，何も仮説がなくてやるということはありえない。

　　そんなことを本気で考えておられるのでしょうか。たとえば何なのですか。判例で分かれているということ等について，この場で一つでも二つでも例を挙げられないようでは困ります。

筒井参事官〔法務省〕：そういうことはいろいろあるだろうなとは思いますが，とくに，いま，例を挙げて説明するように，特定のものについて，ここの部分を直したいからという形で，今回，見直しの作業に着手しようとしたわけではありません。

　　抽象的な説明をくりかえしますけれども，この間の条文の規定だけからわかりにくくなっているであろうもの，そういったものを拾い上げて，全体として，どんな見直しがありうるのかといったことを検討しておるわけでございます。

福井委員〔規制改革会議〕：「あろうもの」というのは，あるだろうと推測されているわけですね。だったら，推測している**根拠**を一つでも，二つでも，今この場で**教えてください**。

筒井参事官〔法務省〕：とくにそういう形はございません。

福井委員〔規制改革会議〕：見直しをおこなうのであれば，いったいそれは何ですかということです。しかも，準備段階というのであれば，政府の責任で準備をおこなうべきでしょう。

第6節　解釈に全面的に依存した改正

　　筒井さんが個人で参加される勉強会ではなくて，筒井さんが
　事務局を務められる民事局の勉強会をつくられて，そこにたま
　たま民間のいろんな提言をされたり，研究をされている方が参
　加される。それならわかります。
　　なんの腹案もない段階で，自分のところではいっさい基礎的
　勉強の組織もつくられず，どこかほかでやっている私的な勉強
　会に公職を持つ自覚を持ちつつ自分が参加する。しかも，情報
　公開法制の適用も受けないところでの議論を受けて検討を進め
　る。それ自体が異常なことだと，ほんとうに思われませんか。

〈規制改革会議での議論 ③〉 立法事実の具体化は？

福井委員〔規制改革会議〕：失礼ながら，外部民間組織を何かから
　の隠れみのに使おうとされているかのごとき印象を持たざるを
　えないのです。それは行政のあり方としておかしいと思います。
安念潤司主査〔規制改革会議 基本ルールタスクフォース主査・成蹊
　大学法科大学院教授・弁護士〕：もう少し，御省なりのスタンス
　を承ることができるかなと楽しみにしておったんです。
福井委員〔規制改革会議〕：無責任でもあります。政府として見直
　すんだと言いながら，具体例は一つも申し上げられる段階にな
　いというそんなおかしな話は，どこで通る常識ですか。
筒井参事官〔法務省〕：もう少し具体化してきた段階で，そうい
　うことを議論させていただいたほうがいいかと思います。
福井委員〔規制改革会議〕：具体化していないのがおかしいと申し
　上げているんです。
筒井参事官〔法務省〕：ご発言の趣旨はわかります。
福井委員〔規制改革会議〕：根本見直しをおこなうという結論は決
　めて，それを公文書で公表されているお方が，イメージすら一

49

第2章　民法教員が説明に窮する代表的な論点

> つも例を挙げられない。それは**異常**なことでしょう。いま，こんなレベルの議論をしていること自体，公的機関相互でそんなことを議論していていいのかというぐらいの由々しき事態です。

第6節　解釈に全面的に依存した改正

(2)　数少ない民法改正の立法事実の1つとしての賠償額の予定
　　（民法420条）

　以上のように，今回の民法改正は，具体的な立法事実が存在し
ないにもかかわらず実行されたという点において，従来の法改正
と根本的に異なる特色を有しています。

　あえて，具体的な立法事実（多方面，特に，消費者保護を求める人々
から改正を求める声が上がっていた）と思われるものを挙げるとすれ
ば，それは，民法420条（賠償額の予定）だったと思われます。

　その理由は，民法420条は，「契約自由」を宣言したものです
が，悪徳業者によって悪用され，事業者が消費者に対して不公正
な契約を締結させ，契約が解除されることをあらかじめ想定して，
民法420条によって裁判官も手出しができないことを奇貨として，
法外な解約料を請求するという事例が多発していたからです。

　もちろん，特別法である，割賦販売法，特定商取引法，消費者
契約法等は，法外な解約料を規制したり，そのような損害賠償額
の予定・違約金条項を無効としたりする改革を続けています。

　しかし，民法420条に関しては，母法であるフランス民法典
1152条が，コンシューマリズムの流れを受けて改正され，「合意
された金額が過大又は過小であることが明白である場合には，裁
判官は，職権によってその金額を減額したり又は増額したりする
ことができる。」と改正されたにもかかわらず，わが国では，そ
のような改正がなされてきませんでした。

51

第２章　民法教員が説明に窮する代表的な論点

(3)　420条１項後段の削除だけで代替措置の規定は？

　今回の民法改正においては，少なくとも，不当な賠償額の予定
に対する，フランス民法典1152条（過大・過小な賠償額の予定に対
する裁判所への減額・増額権限の付与）とか，ドイツ民法343条（不当
に高額な違約罰に対する裁判所への減額権限の付与）並みの裁判所の権
限の明確化が望まれていました。ところが，今回は，以下のよう
に，裁判所の無権限さを規定する民法420条１項後段が削除され
ただけで，裁判所がどのような権限を有するかは，解釈に委ねら
れるという全く無責任な改正しか実現できませんでした。

現行民法420条１項	改正民法420条１項
第420条（賠償額の予定） ①当事者は，債務の不履行について損害賠償の額を予定することができる。この場合において，裁判所は，その額を増減することができない。	第420条（賠償額の予定） ①当事者は，債務の不履行について損害賠償の額を予定することができる。

　国民に分かりやすくするという今回の民法改正の目標からすれ
ば，逆方向の改正が行われたわけであり，改正民法420条に関し
ては，早くも，契約自由肯定説（加藤雅信説），減額のみで増額は
できないとする裁判所の権限拘束説（立法者意思説・多数説），裁判
所は，減額だけではなく増額もできるとする裁判所の権限強化説
（加賀山説）が対立するというように，改正民法は，誰にとっても
意味が分かりにくい規定へと堕してしまっています。

　改正民法420条の解釈を議論する民法ゼミの学生たちの想定問
答に耳を傾けてみましょう。

52

（4） 改正民法 420 条（賠償額の予定）に対する白熱の議論

―――――【想定問答 11】―――――

裁判官は何ができるのか？
（改正民法 420 条）

新舞准教授：今日は，古居先生のご都合が悪いので，私とゼミの学生たちとで，改正民法で，唯一の立法事実があったにも関わらず，改正によって，裁判官はどのような役割を果たすことができるのかについて，意味が不明になるという，見方によっては無責任な改正に終わったといえる民法 420 条（賠償額の予定）の解釈について，議論することにします。

　　最初に，準備万端のゼミの学生たちに議論をしてもらいましょう。

学生 A：今回の改正によって，民法 420 条 1 項の「この場合において，裁判所は，その額を増減することができない。」という文言が削除されたということの意味は，「裁判所は，その額を増減することができる」と規定されたと解する（裁判所の権限強化説）のが，当然の解釈（反対解釈に近い解釈）だと思います（［加賀山・改正案の評価（2015）124 頁］）。

学生 B：いやいや。条文の解釈には，立法理由を考慮して解釈するのが大切だと思います。立法資料によれば，現行民法 420 条 1 項 2 文（「この場合において，裁判所は，その額を増減することができない」）を削除したのは，過大な賠償額を定めた暴利行為等について裁判所が予定賠償額を減額することを認めるためなのです（法制審議会の部会資料 68A・20 頁）。そうなのですから，この立法者意思を尊重して，裁判所は，賠償額の予定を減額することはできるけれども，増額することはできないと解するべきでしょう（［潮見・改正法の概要（2017）74-75 頁］）。

第2章　民法教員が説明に窮する代表的な論点

学生Ｃ：国民をどれだけバカにした解釈ですか。改正民法 420 条
を読んで，どこにも書いていない「裁判所による賠償額の予定
の増減（反対解釈説）」とか，「裁判所は，賠償額の予定の減額
しかできない（立法者意思説）」とかを論じるのはおかしな話で
すよ。

　改正民法 420 条を国民が読んで理解できるのは，国民は，損
害賠償額の予定を定める自由を有しているということだけであ
り，契約自由の原則の 1 つの適用例と解釈するのが当然でしょ
う（［加藤・債権法改正（2015）167-168 頁］）。

学生Ｂ：確かに，市民生活の基本法である民法は，国民にとって
わかりやすいものでなければなりませんね。しかし，解釈に当
たっては，立法の経緯とか立法の理由を考慮することが必要で
しょう。改正理由は，Web でも公開されており，改正民法 420
条は，現行法 420 条 1 項後段を削除することによって，裁判官
に過大な賠償額の予定を制限する権限を認めた規定と解すべき
だと思います。

学生Ａ：現行法 420 条 1 項後段が削除されたことを考慮して，裁
判所に対する予定額に対する増減の禁止が解かれたことを考慮
することは重要だと思います。ですから，禁止規定が削除され
たにもかかわらず，Ｃさんのように，禁止規定がもとのまま存
在しているかのように，契約自由・裁判所に対する当事者の合
意に対する不干渉主義を主張するのは，言い過ぎだと思います。

　しかし，立法者意思を尊重するといっても，その考え方は，
消費者保護の考え方であり，民法は，消費者保護だけでなく，
大企業が中小企業に押し付けてくる「過小な損害賠償額の予
定」に対しても，配慮することが出来なくてはいけません。
「裁判所は，その額を増減することができない」という縛りが
削除されたのですから，「裁判所は，その額を増減できる」と

54

第6節　解釈に全面的に依存した改正

解釈するのが，消費者法とは異なり，中小企業の事情も配慮できる民法のよさではないでしょうか（本書77頁）。

　Cさんが言っているように，文言に書かれていることに沿って解釈することは，大切だと思います。文言が削除されたのですから，文言に書かれていないことを反対解釈するのはまだしも，その反対解釈をさらに制限的に解釈するというウルトラC（C難度）のような解釈は，やはり，行き過ぎだと思います。

学生C：紛らわしいので言っておきますが，ウルトラCの解釈をしているのは，私ではなく，Bさんですから，お間違えなく。私が採用している説は，最も単純明快な契約自由の原則にそった古典的な学説です。

学生B：なんだかんだ言っても，立法者意思を尊重し，かつ，通説となっている説を採用するのが，生活の知恵として大切ですし，教員もそのような解釈を尊重することが大切ですよね。先生。

新舞准教授：まあまあ，結論を急がずに。今回は，学生同士による白熱の議論を聴かせてもらいました。改正民法の立法者よりも，学生の皆さんの方が，よっぽどしっかりしているなと感じました。

　いずれにしても，今日は，教師の出る幕はなかったように思います。今日の議論の中で出されたそれぞれの意見をリスペクトしつつも，結論を急ぐのではなく，皆さん自身で，民法のあるべき解釈をじっくりと探究することが大切ですね。今日のゼミはこれで終わります。

第2章　民法教員が説明に窮する代表的な論点

2　買主の損害賠償請求権・解除権

現行民法570条（売主の瑕疵担保責任）といえば，民法を学習する人々にとって，重要なテーマです。

ところが，今回の民法（債権関係）改正によって，民法570条は，「抵当権等がある場合の買主による費用の償還請求」という現行民法567条に相当する条文によって上書きされてしまい，現行法の民法570条（売主の瑕疵担保責任）は，実質的に消滅しています。

それでは，現行民法570条は，改正民法では，どの条文になったのでしょうか。売主の瑕疵担保責任の規定は，買主の権利として，以下のような規定によって生まれ変わることになりました。

1. 買主の履行請求権としての追完請求権（改正民法562条）
2. 買主の代金減額請求権（改正民法563条）
3. 買主の損害賠償請求権及び解除権の行使（改正民法564条）

ただし，これらの権利については，従来通りの1年間の期間制限（改正民法566条）ばかりでなく，売主に過失がない場合の買主の権利の制限または消滅（改正民法567条1項）という，これまで無過失責任とされてきた売主の瑕疵担保責任にはない，売主の免責規定が含まれており，売主に有利な規定へと変質しています。

さらに，売買の目的物が契約内容に適合しない場合（瑕疵がある場合）の上記の買主の3つの権利については，すべての場合について，「契約の不適合〔瑕疵〕が買主の責めに帰すべき事由によるものであるとき」は，いずれの権利の行使もできないと定められており，現行法に比較して，買主の権利は，大幅に制限されています。

56

第6節　解釈に全面的に依存した改正

　売買目的物に瑕疵がある場合に，買主に責任が転嫁される場合
が生じるという改正は，なぜ生じたのでしょうか。そもそも，売
買契約において，売主から買主に引渡された目的物が，契約の内
容に不適合である（従来の用語では，物に瑕疵がある）という場合に，
そもそも，その瑕疵が買主の責めに帰すべき事由によって生じる
ことがありうるのでしょうか。

　ゼミの学生たちの真摯な話し合いを参考にして，改正民法の問
題点を考えてみましょう。

第2章　民法教員が説明に窮する代表的な論点

【想定問答 12】

瑕疵担保責任はどこに行ったのか？
（改正民法 562 条～567 条）

新舞准教授：民法 420 条（賠償額の予定）についてのゼミの学生の議論があまりにも美しかったため，これを知った古居教授は，「もう，自分の出番はなくなった，ゼミの学生同士の議論を続けてもらってはどうか」ということになり，今回も，学生たちに，改正法によって葬り去られた現行民法 570 条（売主の瑕疵担保責任）について，議論をしてもらうことにしました。

　　議論のテーマは，「現行民法 570 条は，改正民法では，どこへ行ったのか？」です。

学生A：私は，売主の瑕疵担保責任について，我妻説に代表され，通説だった法定責任説（すなわち，売買の特定物に瑕疵がある場合というのは，原始的<u>一部不能</u>の場合である。原始的<u>全部不能</u>の場合が，契約責任ではなく，契約の無効となるのと同様に，原始的一部不能の場合も，契約責任ではなく，<u>有償契約に特有の法定責任（無過失責任）</u>である）を信奉してきたんですよ。その立場からいうと，今回の改正によって，売主の瑕疵担保責任に関する民法 570 条が書き換えられて，契約責任となったのには，時代の流れかもしれないけれど，どこか違和感を覚えますね。

学生B：少しだけわかる気がする。私は，我妻説に対立する北川善太郎とか星野英一などに代表される契約責任説を取っていたので，契約責任説にはなじみがあるのだけれど，「瑕疵担保責任」という条文まで削除することはなかったと思う。瑕疵担保責任が契約責任であることを確認すれば済む問題でしょう。

　　今回の改正で，瑕疵を「契約の内容に適合しないもの」と言い換えているけれど，そんな長たらしい概念をみんなが使うと

は思えないよ。2005年の民法の口語化の際に，法務省は，民法210条の囲繞地通行権について，囲繞地という言葉は難しいので，「公道に通じない土地を囲んでいる他の土地」とわかりやすく言い換えましたと，新聞等を通じて大々的に宣伝していたらしい。でも，「公道に通じない土地を囲んでいる他の土地を通行する権利」などという長ったらしい用語を使う人は誰もおらず，今でも，「囲繞地通行権」が普通に使われているよね。それと同じことで，「契約の内容に適合しないもの」という法律用語は，「契約不適合」と省略して使う人がいるくらいでしょう。しかも，「目的物の瑕疵」に対応する英語の"Lack of conformity of goods"（商品性の不適合）は，有償契約だけでしか用いない概念だし，それを広く「契約不適合」といってしまうと，契約不履行（債務の本旨に従わない履行）と混同されるおそれがある。だから，今後も，瑕疵担保責任という用語は普通に使われ続けると思うよ。

学生C：どうも改正民法の立法者たちは，「担保責任」という言葉が嫌いらしいね。

請負の担保責任に関する民法634条から担保責任を消してしまったし，民法635条は条文ごと削除までしているからね。しかし，改正民法636条では，本文からは瑕疵という言葉を「契約の内容に適合しない仕事」と書き換えたにもかかわらず，条文見出しには，「請負人の担保責任の制限」というように，突如として担保責任が顔を出すという失態を演じているから，この人たち大丈夫なのかと疑ってしまう。

それに，「瑕疵」という言葉は，改正民法においても，総則では，民法120条2項で，「瑕疵ある意思表示」として残っているし，不法行為では，民法717条で，「土地の工作物の設置又は保存に瑕疵があるときは」というように，瑕疵概念は健在

第2章　民法教員が説明に窮する代表的な論点

なのだから，契約の領域だけ，瑕疵とか瑕疵担保責任という用
語を排除しても，無意味だと思うよ。

学生Ａ：瑕疵担保責任に思い入れがある者としては，たとえ，民
法570条を削除するとしても，削除条文として残すことにすれ
ば済むことなのだから，現行民法570条を現行民法567条とほ
ぼ同じ内容の条文で上書きするのだけは，勘弁してほしかった。

学生Ｂ：売主の担保責任が，①買主の追完請求権，②買主の代金
減額請求権，③買主の損害賠償請求及び解除権の三つに置き換
えられて，買主の権利が尊重されているようだけど，詳しく見
ていくと，買主の権利はむしろないがしろにされているのが分
かったよ。

　　第1に，改正民法562条のタイトルは，「買主の追完請求権」
となっているけど，1項ただし書で，「売主は，買主に不相当
な負担を課するものでないときは，買主が請求した方法と異な
る方法による履行の追完をすることができる」と規定している
のだから，この規定は，「買主の追完請求権」ではなくて，わ
が国が批准した「国際物品売買契約に関する国際連合条約
（ウィーン売買条約）」48条（売主の追完権）と同様に，「売主の
追完権」であることが分かる（本書84頁）。

　　第2に，改正民法563条のタイトルは，「買主の代金減額請
求権」となっているけど，追完できないことを条件としている
ので，これも，実は，「売主の追完権」の一つだということに
なる。

　　第3に，一番肝心の買主の解除権を規定する改正民法564条
は，謎だらけだ。

　　改正民法564条は，買主は，改正民法541条，および，542
条を使って解除権を行使できると規定している。しかし，これ
らの条文の次の条文に，改正民法543条が控えており，「債務

の不履行が債権者の責めに帰すべき事由によるものであるとき
は，債権者は前二条の規定による契約の解除をすることができ
ない」と規定されている。

　改正民法564条は，契約総則である541条，542条，543条
の特則であるから，債権者〔買主〕の責めに帰すべき事由があ
る場合でも541条，および，542条の権利を行使できるとも解
釈できるが，改正民法564条の場合でも，明文には書かれてい
ないが，当然に543条も適用されて，買主は解除権の行使がで
きなくなるのか，明確とはいえない。

学生Ｃ：抽象的な議論では埒が明かないので，具体例を設定しま
しょう。私の腕時計は，**耐震装置（パラショック）付き**なので，
本来なら，時計を床に落としたぐらいでは壊れないはずなので
すが，これが欠陥品で，落とすと壊れてしまうとしましょう。

　第1に，机に置いておいたこの時計が地震で床に落ちて壊れ
たとします。この場合には，売主にも買主にも過失がないの
で，**改正民法567条1項**が適用されて，「買主は履行の追完の
請求，代金の減額の請求，損害賠償の請求，および，契約の解
除をすることができない」ということになります。これは，現
行民法570条の規定と比較すると，明らかに**買主の権利**がない
がしろにされているといえますね（本書85頁）。

　第2に，私の不注意で腕時計を床に落としてしまい，時計が
壊れたとします。この場合には，私に過失があるため，**改正民
法562条，563条，564条**に規定された買主の権利は，全て否
定されてしまい，買主は契約に適合しない腕時計の損壊につい
て，民法415条に基づく損害賠償請求権を除いて，すべての買
主の権利を行使できないことになりかねません。これも，**現行
民法570条**と比較して，**買主の権利**がないがしろにされている
ことが分かりますね。結局，何のために民法を改正したので

第2章　民法教員が説明に窮する代表的な論点

しょうか。

学生Ａ：瑕疵担保責任の規定は，時代の流れで消え去っていくべきものと半ばあきらめていたけれど，契約責任とした方が，買主の権利の保護にならないのであれば，この改正民法は，むしろ，時代の流れに逆行しているじゃないですか。これなら，瑕疵担保責任・法定責任説の方がましですね。

学生Ｂ：契約責任説でも，瑕疵概念を残して，瑕疵がある以上は，売主に帰責事由がないことを証明させるという工夫をすることによって，無過失責任に近づけることができるのだから，改正民法562条2項，563条3項，543条の「債権者の責めに帰すべき事由によるものであるときは」ではなくて，少なくとも，「もっぱら債権者の責めに帰すべき事由によるものであるときは」とするくらいのことが必要だろうと思うよ（本書83頁）。

新舞准教授：今回もいい議論ができましたね。今回のゼミは，これで終わりにします。

第3章

民法担当教員を混乱に陥れる
改正民法の失敗の原因

　改正民法を講義するに際して，担当教員たちは，改正民法をどのように教えるかについて，本当に苦労していることは，これまでの想定問答によって明らかになったと思います。

　想定問答であぶりだされた改正民法の実態，すなわち，体系的な整合性を欠き，法曹倫理に違い，裁判官の恣意的判断を助長するような現象が，なぜ成立してしまったのでしょうか。

　その原因は，改正を主導した法制審議会の委員の選任基準が明らかでなく，真の意味での専門家が委員となっていないこと，および，審議のルールが，現行民法の制定における厳格な多数決原理を採用せず，全会一致の原則を採用した点に集約されるように思われます。

第1節 諮問不適合の改正内容

　民法（債権関係）改正の出発点となる法務大臣の諮問は，以下の通りです（http://www.moj.go.jp/content/000005084.pdf）。

　「民事基本法典である民法のうち債権関係の規定について，同

第３章　民法担当教員を混乱に陥れる改正民法の失敗の原因

法制定以来の社会・経済の変化への対応を図り，国民一般に分かりやすいものとする等の観点から，国民の日常生活や経済活動にかかわりの深い契約に関する規定を中心に見直しを行う必要があると思われるので，その要綱を示されたい。」

したがって，改正要綱は，民法を「社会・経済の変化への対応」ができるものとし，かつ，民法を「国民一般に分かりやすくする」ものでなければ，改正の意味がないはずです。

ところが，現実には，諮問に掲げられた改正の目標は，「社会・経済の変化への対応」という点についても，また，「国民一般に分かりやすいものとする」という点からも，ほとんど実現されておらず，諮問に不適合な改正に終わっています。

改正要綱，および，それを条文化した改正法が，諮問に不適合となった理由は，以下の通りです。

改正の第１の目標である「社会・経済の変化への対応」という点については，「民法制定以来の社会・経済の変化とは何か」について，議論をつめないまま，個別的な条文の改正を検討したため，第１に，わが国で急速に進行する社会の「高齢化」に対応するために必要な成年後見制度の見直しもなされず（成年後見制度における代行・代理制度が，障害者権利条約に違反しているのではないかとの疑念が生じていますが，今回の改正では改善されることなく放置されています），第２に，預金通貨（本書78頁），電子マネー，仮想通貨等，急激に進行している社会の「情報化」にも対応できておらず，第３に，パケット通信によって行われるインターネット取引等の社会の「国際化」にも対応できていないなど，改正の目的である民法制定以来の「社会・経済の変化」には，全くといってよいほど

対応できておらず，諮問に対して不適合な改正に終わっているのが現実です（詳しくは，［加賀山・改正案の評価（2015）29-41頁］を参照してください）。

改正の第2の目標である「国民一般に分かりやすいものとする」という点については，ほとんどの人が，改正によって，民法が一層分かりにくくなったと感じており，諮問に対して不適合な結果に終わっています（詳しくは，［加賀山・改正案の評価（2015）53-61頁］を参照してください）。

したがって，民法の基本的な考え方からすれば，諮問を行った法務大臣は，このような改正要綱について，目的を達していない不適合なもの（諮問に不適合な答申，すなわち，瑕疵ある答申）として，破棄すべきであったと思われます。

第2節 法制審議会の委員に真の専門家が選任されなかった理由

法制審議会の議論のルールが，もしも，多数決であったとすれば，法務省の狙いとは異なる意見を述べる人がいたとしても，多数決の原理に従って，極端な意見を排除することができます。

しかし，今回の民法（債権関係）改正のように，全会一致の原則を採用する場合には，反対意見が1人でもいれば，改正は実現できません。そこで，法務省の狙いに反対する委員（池田真朗，加藤雅信，角紀代恵，河上正二，廣瀬久和という，それぞれ，日本を代表する債権譲渡，不当利得，債権担保，約款，国際条約・比較法の専門家）を排除するという決定が下されたものと推測されます。

第 3 章　民法担当教員を混乱に陥れる改正民法の失敗の原因

　振り返って，現行民法が法典調査会で議論されたときは，3 名の起草委員（穂積陳重，梅謙次郎，富井政章）には，単独での発案権が与えられましたが，他の審議委員には，その委員の意見に同調する他の委員が 1 名以上いる場合にのみ，発案権が与えられ，単独意見にとどまる場合には，たとえ発案しても議決の機会を与えられませんでした。また，議決の際は，出席委員の起立多数によって議案が決定されました。さらに，決定されたことが審議の経過に従って，変更の必要がある場合には，調査会の責任者による裁可を必要とすることを通じて，一事不再理を原則としつつも，不都合な結果を回避するシステムが確立していました。

　このような審議のルール，すなわち，多数決の原理を背景としつつ，反対意見の自由を確保したからこそ，理論的で体系的な現行民法が成立したのです。

　このような過去の審議のルールを無視して，今回の民法（債権関係）改正においては，全会一致の原則を採用したために，自由な反対意見を封じ込める必要が生じ，本当の専門家であるにもかかわらず，法務省の狙いに反する発言をする人々が法制審議会の委員から排除され，その結果として，欠陥だらけの改正民法が成立してしまったものと思われます。

　したがって，今後の民法改正については，法典調査会の議論のルールを参考にして，反対意見の自由が確保されるルールを作成した上で，再改正を進めることが肝要でしょう。

参 考 文 献

［加賀山・条文対照表（2015）］
　加賀山茂『民法（債権関係）改正法案の〔現・新〕条文対照表』信山社
［加賀山・改正案の評価（2015）］
　『民法改正案の評価──債権関係法案の問題点と解決策』信山社
［加藤・民法典はどこにいくのか（2011）］
　加藤雅信『民法（債権法）改正──民法典はどこにいくのか』日本評論
　社
［加藤・債権法改正（2015）］
　加藤雅信『迫りつつある債権法改正』信山社
［潮見・改正法の概要（2017）］
　潮見佳男『民法（債権関係）改正法の概要』金融財政事情研究会
［潮見他・Before/After（2017）］
　潮見佳男＝北居功＝高須順一＝赫高規＝中込一洋＝松岡久和『Before/
　After 民法改正』弘文堂
［潮見他・改正民法（2018）］
　潮見佳男＝千葉恵美子＝片山直也＝山野目章夫『詳解 改正民法』商事
　法務
［鈴木・改正の真実（2013）］
　鈴木仁志『民法改正の真実──自壊する日本の法と社会』講談社
［山本敬三・民法改正（2017）］
　山本敬三『民法の基礎から学ぶ民法改正』岩波書店

第4章

参 考 資 料

■ 説明困難な条文（改正民法・現行法・再改正私案）対照表

　本書の本文で，筆者は，従来の体系が破壊されるに至った改正
民法を教えざるをえない教員が，鋭い学生の質問に戸惑い，しば
しば，立ち往生したり，次週に再検討するという逃げ口上をつ
かったりと，苦しい授業運営を強いられるという近未来図につい
て，学生に成り代わったベテラン教員と改正法の模擬講義を行っ
た新人教員との間の想定問答の形式で表現してみました。

　まともに教えることができない改正民法について，まじめに教
育をしたいというのであれば，もはや，従来のように，教員が条
文を正しいものと前提にした上で，その通説・判例を教えるとい
う一方通行的な講義は成り立たないと思われます。

　したがって，今後の民法教育は，条文にも誤りがあるというこ
とを前提にして，教員は，教えることを極力自制し，むしろ，学
生に報告の機会を与え，学生同士の自由な想定問答を促し，教師
と学生とが共に教え合い，共に学び合うというスタイル（アクティ
ブラーニングとか反転授業とか）を確立していくことが必要でしょう。

　その際に，改正民法を場当たり的に批判するのではなく，従来

69

第４章　参考資料

の体系との整合性を回復するような民法の創造的な再改正法を頭に描いておくことは，教員にとっても，また，学生にとっても有用であると思われます。

　そこで，以下では，説明が困難な改正民法を誰もが容易に説明できるように再改正するとすれば，どのような改正が望ましいのか，筆者の考え方（結論）を改正民法，現行法，再改正私案（加賀山私案）という対照表の形式で示してみました（この点については，［加賀山・条文対照表（2015）］，および，［加賀山・改正案の評価（2015）69-91頁］も参照していただけると幸いです。なお，対照表における下線部分は，対照した場合に違っている箇所を示しています）。

　このような再改正私案の提案によって，教員と学生との対話がますます活発になることを願っています。

民法総則
民法３条の２（意思能力）

改正民法	現行法	再改正案（加賀山私案）
第３条の２ 法律行為の当事者が意思表示をした時に意思能力を有しなかったときは，その法律行為は，<u>無効とする。</u>	－	第３条の２（<u>意思能力を欠く場合の法律行為の取消し</u>） 法律行為の当事者が意思表示をした時に意思能力を有しなかったときは，その法律行為は，<u>本人又はその代理人若しくは承継人に限り，取り消すことができる。</u>

民法93条（心裡留保）

改正民法	現行法	再改正案（加賀山私案）
第93条（心裡留保）	第93条（心裡留	第93条（心裡留保）

民法総則

改正民法	現行法	再改正案(加賀山私案)
①意思表示は，表意者がその真意ではないことを知ってしたときであっても，そのためにその効力を妨げられない。ただし，相手方がその意思表示が表意者の真意ではないことを知り，又は知ることができたときは，その意思表示は，無効とする。②前項ただし書の規定による意思表示の無効は，善意の第三者に対抗することができない。	保)意思表示は，表意者がその真意ではないことを知ってしたときであっても，そのためにその効力を妨げられない。ただし，相手方が表意者の真意を知り，又は知ることができたときは，その意思表示は，無効とする。	①意思表示は，表意者がその真意ではないことを知ってしたときであっても，そのためにその効力を妨げられない。ただし，相手方がその意思表示が表意者の真意ではないことを知り，又は知ることができたときは，その意思表示は，無効とする。②前項ただし書の規定による意思表示の無効は，第三者がその意思表示が表意者の真意でないことを知り，又は知ることができたときに限り，表意者がその第三者に対して主張することができる。

民法94条（虚偽表示）

改正民法	現行法	再改正案（加賀山私案）
第94条（虚偽表示）①相手方と通じてした虚偽の意思表示は，無効とする。②前項の規定による意思表示の無効は，善意の第三者に対抗することができない。	第94条（虚偽表示）①相手方と通じてした虚偽の意思表示は，無効とする。②前項の規定による意思表示の無効は，善意の第三者に対抗することができない。	第94条（虚偽表示）①相手方と通じてした虚偽の意思表示は，無効とする。②前項の規定による意思表示の無効は，善意でかつ過失のない第三者に対抗することができない。

民法95条（錯誤）

改正民法	現行法	再改正案（加賀山私案）
第95条（錯誤）	第95条（錯誤）	第95条（錯誤）

第４章　参考資料

①意思表示は，次に掲げる錯誤に基づくものであって，その錯誤が法律行為の目的及び取引上の社会通念に照らして重要なものであるときは，取り消すことができる。
　一　意思表示に対応する意思を欠く錯誤
　二　表意者が法律行為の基礎とした事情についてのその認識が真実に反する錯誤
②前項第二号の規定による意思表示の取消しは，その事情が法律行為の基礎とされていることが表示されていたときに限り，することができる。
③錯誤が表意者の重大な過失によるものであった場合には，次に掲げる場合を除き，第１項の規定による意思表示の取消しをすることができない。
　一　相手方が表意者に錯誤があることを知り，又は重大な過失によって知らなかったとき。
　二　相手方が表意者と同一の錯誤に陥っていたとき。
④第１項の規定による

意思表示は，法律行為の要素に錯誤があったときは，無効とする。ただし，表意者に重大な過失があったときは，表意者は，自らその無効を主張することができない。

①意思表示は，次に掲げる錯誤に基づくものであって，もしも，その錯誤がなければ法律行為をしなかったというほどに重要なものであるときは，各号に応じて，無効とし又は取り消すことができる。
　一　意思表示に対応する意思を欠く錯誤（「要素の錯誤」という）　無効
　二　表意者が法律行為の基礎とした事情についてのその認識が真実に反する錯誤（「動機の錯誤」という）取消し
②錯誤が表意者の重大な過失によるものであった場合には，次に掲げる場合を除き，第１項の規定による意思表示を無効とし又は取消しとすることができない。
　一　相手方が表意者に錯誤があることを知り，又は重大な過失によって知らなかったとき。
　二　相手方が表意者と同一の錯誤に陥っていたとき。
③第１項の規定による意思表示の無効又は取消しは，善意でかつ過失がない第三者に対抗することができない。

民法総則

意思表示の取消しは, 善意でかつ過失がない 第三者に対抗すること ができない。	

民法108条(自己契約及び双方代理等)

改正民法	現行法	再改正案(加賀山私案)
第108条(自己契約及び双方代理等) ①同一の法律行為について, 相手方の代理人として, 又は当事者双方の代理人としてした行為は, 代理権を有しない者がした行為とみなす。ただし, 債務の履行及び本人があらかじめ許諾した行為については, この限りでない。 ②前項本文に規定するもののほか, 代理人と本人との利益が相反する行為については, 代理権を有しない者がした行為とみなす。ただし, 本人があらかじめ許諾した行為については, この限りでない。	第108条(自己契約及び双方代理) 同一の法律行為については, 相手方の代理人となり, 又は当事者双方の代理人となることはできない。ただし, 債務の履行及び本人があらかじめ許諾した行為については, この限りでない。	第108条(自己契約及び双方代理等の利益相反行為) ①同一の法律行為について, 相手方の代理人として, 又は当事者双方の代理人としてした行為は, 代理権を有しない者がした行為とみなす。ただし, 債務の履行及び本人の利益を害しないことが明らかであって, かつ, 本人があらかじめ許諾した行為については, この限りでない。 ②前項本文に規定するもののほか, 代理人と本人との利益が相反する行為については, 代理権を有しない者がした行為とみなす。この場合においては, 裁判所は, 利害関係人又は検察官の請求により, 特別代理人を選任しなければならない。

民法120条(取消権者)

改正民法	現行法	再改正案(加賀山私案)
第120条(取消権者) ①行為能力の制限に	第120条(取消権者)	第120条(取消権者) ①行為能力の制限によって

73

第4章　参考資料

改正民法	現行法	再改正案（加賀山私案）
よって取り消すことができる行為は，制限行為能力者（他の制限行為能力者の法定代理人としてした行為にあっては，当該他の制限行為能力者を含む。）又はその代理人，承継人若しくは同意をすることができる者に限り，取り消すことができる。②錯誤，詐欺又は強迫によって取り消すことができる行為は，瑕疵ある意思表示をした者又はその代理人若しくは承継人に限り，取り消すことができる。	①行為能力の制限によって取り消すことができる行為は，制限行為能力者又はその代理人，承継人若しくは同意をすることができる者に限り，取り消すことができる。②詐欺又は強迫によって取り消すことができる行為は，瑕疵ある意思表示をした者又はその代理人若しくは承継人に限り，取り消すことができる。	取り消すことができる行為は，制限行為能力者（他の制限行為能力者の法定代理人としてした行為にあっては，当該他の制限行為能力者を含む。）又はその代理人，承継人若しくは同意をすることができる者に限り，取り消すことができる。②第95条1項2号の錯誤，詐欺又は強迫によって取り消すことができる行為は，瑕疵ある意思表示をした者又はその代理人若しくは承継人に限り，取り消すことができる。

民法147条（裁判上の請求等による時効の完成猶予及び更新）

改正民法	現行法	再改正案（加賀山私案）
第147条（裁判上の請求等による時効の完成猶予及び更新）	第147条（時効の中断事由）	第147条（裁判上の請求等による時効の短期更新及び中断・再開）

債権総論

民法400条（特定物の引渡しの場合の注意義務）

改正民法	現行法	再改正案（加賀山私案）
第400条（特定物の引渡しの場合の注意義務）債権の目的が特定物の引渡しであるときは，債務者は，その引渡し	第400条（特定物の引渡しの場合の注意義務）債権の目的が特定物の引渡しである	第400条（特定物の引渡しの場合の注意義務）債権の目的が特定物の引渡しであるときは，債務者は，その引渡しをするまで，善良な

債 権 総 論

改正民法（続き）	現行法（続き）	再改正案（続き）
をするまで，契約その他の債権の発生原因及び取引上の社会通念に照らして定まる善良な管理者の注意をもって，その物を保存しなければならない。	ときは，債務者は，その引渡しをするまで，善良な管理者の注意をもって，その物を保存しなければならない。	管理者の注意をもって，その物を保存しなければならない。

民法 412 条の 2（履行不能）

改正民法	現行法	再改正案（加賀山私案）
第 412 条の 2（履行不能） ①債務の履行が契約その他の債務の発生原因及び取引上の社会通念に照らして不能であるときは，債権者は，その債務の履行を請求することができない。 ②契約に基づく債務の履行がその契約の成立の時に不能であったことは，第 415 条の規定によりその履行の不能によって生じた損害の賠償を請求することを妨げない。	－	**第 412 条の 2**（履行不能） ①債務の履行が不能であるときは，債権者は，その債務の履行を請求することができない。 ②契約に基づく債務の履行がその契約の成立の時に不能であったことは，第 415 条の規定によりその履行の不能によって生じた損害の賠償を請求することを妨げない。

民法 415 条（債務不履行による損害賠償）

改正民法	現行法	再改正案（加賀山私案）
第 415 条（債務不履行による損害賠償） ①債務者がその債務の本旨に従った履行をしないとき又は債務の履行が不能であるときは，債権者は，これによって生じた損害の賠償を請求することができる。	**第 415 条**（債務不履行による損害賠償） 債務者がその債務の本旨に従った履行をしないときは，債権者は，これによって生じた損害の賠償を請求する	**第 415 条**（債務不履行による損害賠償） ①債務者がその債務の本旨に従った履行をしないときは，債権者は，これによって生じた損害の賠償を請求することができる。ただし，その債務の不履行が債務者の責めに帰することができ

75

第４章　参考資料

改正民法	現行法	再改正案（加賀山私案）
ただし，その債務の不履行が契約その他の債務の発生原因及び取引上の社会通念に照らして債務者の責めに帰することができない事由によるものであるときは，この限りでない。 ②前項の規定により損害賠償の請求をすることができる場合において，債権者は，次に掲げるときは，債務の履行に代わる損害賠償の請求をすることができる。 　一　債務の履行が不能であるとき。 　二　債務者がその債務の履行を拒絶する意思を明確に表示したとき。 　三　債務が契約によって生じたものである場合において，その契約が解除され，又は債務の不履行による契約の解除権が発生したとき。	ことができる。債務者の責めに帰すべき事由によって履行をすることができなくなったときも，同様とする。	ない事由によるものであるときは，この限りでない。 ②前項の規定により損害賠償の請求をすることができる場合において，債権者は，次に掲げるときは，債務の履行に代わる損害賠償の請求をすることができる。 　一　債務者がその債務の履行を拒絶する意思を明確に表示したとき。 　二　債務が契約によって生じたものである場合において，その契約が解除され，又は債務の不履行による契約の解除権が発生したとき。

民法 420 条（賠償額の予定）

改正民法	現行法	再改正案（加賀山私案）
第 420 条（賠償額の予定） ①当事者は，債務の不	第 420 条（賠償額の予定） ①当事者は，債務	第 420 条（賠償額の予定） ①当事者は，債務の不履行について損害賠償の額を予

履行について損害賠償の額を予定することができる。 ②・③（略）	の不履行について損害賠償の額を予定することができる。この場合において，裁判所は，その額を増減することができない。 ②・③（略）	定することができる。この場合において，合意された金額が明らかに過大又は過小である場合には，裁判所は，その額を減額し，または，増減することができる。 ②・③（略）

民法 424 条の 6（財産の返還又は価額の償還の請求）

改正民法	現行法	再改正案（加賀山私案）
第 424 条の 6（財産の返還又は価額の償還の請求） ①債権者は，受益者に対する詐害行為取消請求において，債務者がした行為の取消しとともに，その行為によって受益者に移転した財産の返還を請求することができる。受益者がその財産の返還をすることが困難であるときは，債権者は，その価額の償還を請求することができる。 ②債権者は，転得者に対する詐害行為取消請求において，債務者がした行為の取消しとともに，転得者が転得した財産の返還を請求することができる。転得者がその財産の返還をすることが困難であるときは，債権者は，その価額の償還を請求することができる。	−	**第 424 条の 6**（財産の返還又は価額の償還の請求） ①債権者は，受益者に対する詐害行為取消請求において，債務者がした行為の否認とともに，その行為によって受益者に移転した財産に対して強制執行をすることができる。 ②債権者は，転得者に対する詐害行為取消請求において，債務者がした行為の否認とともに，転得者が転得した財産に対して強制執行をすることができる。

第4章　参考資料

民法 477 条（預金又は貯金の口座に対する払込みによる弁済）

改正民法	現行法	再改正案（加賀山私案）
第 477 条（預金又は貯金の口座に対する払込みによる弁済）債権者の預金又は貯金の口座に対する払込みによってする弁済は，債権者がその預金又は貯金に係る債権の債務者に対してその払込みに係る金額の払戻しを請求する権利を取得した時に，その効力を生ずる。	－	**第 477 条**（預金又は貯金の口座に対する払込みによる弁済）①債権者の預金又は貯金の口座に対する払込みによってする弁済の場合には，弁済者が振込みを依頼し，弁済者の預金又は貯金の口座から振込相当額が引き落とされた時点で，弁済の提供及び供託が行われたのと同様に扱い，弁済者は，その時点から，債務の不履行によって生ずべき一切の責任を免れる。②前項の振込みによってする弁済の場合には，債権者がその預金又は貯金に係る債権の債務者（以下，「銀行等」という。）に対してその振込みに係る金額の払戻しを請求する権利を取得するまでは，弁済者は，銀行等に対して，振込みの組戻しを請求することができる。この場合においては，弁済者は，振込みをしなかったものとみなす。③第1項の振込によってする弁済は，債権者がその預金又は貯金に係る債権の債務者に対してその払込みに係る金額の払戻しを請求する権利を取得したときは，弁済者の預金又は貯金の口座から振込相当額が引き落とされた時点に遡って，その効力を生ずる。

債 権 総 論

民法 478 条（受領権者としての外観を有する者に対する弁済）

改正民法	現行法	再改正案（加賀山私案）
第 478 条（受領権者としての外観を有する者に対する弁済） 受領権者（債権者及び法令の規定又は当事者の意思表示によって弁済を受領する権限を付与された第三者をいう。以下同じ。）以外の者であって取引上の社会通念に照らして受領権者としての外観を有するものに対してした弁済は，その弁済をした者が善意であり，かつ，過失がなかったときに限り，その効力を有する。	第 478 条（債権の準占有者に対する弁済） 債権の準占有者に対してした弁済は，その弁済をした者が善意であり，かつ，過失がなかったときに限り，その効力を有する。	第 478 条（表見受領権者に対する弁済） 受領権者（債権者及び法令の規定又は当事者の意思表示によって弁済を受領する権限を付与された第三者をいう。以下同じ。）以外の者であって，受領権者としての外観を有するものに対してした弁済は，その弁済をした者が善意であり，かつ，過失がなかったときに限り，その効力を有する。

民法 483 条（特定物の現状による引渡し）

改正民法	現行法	再改正案（加賀山私案）
第 483 条（特定物の現状による引渡し） 債権の目的が特定物の引渡しである場合において，契約その他の債権の発生原因及び取引上の社会通念に照らしてその引渡しをすべき時の品質を定めることができないときは，弁済をする者は，その引	第 483 条（特定物の現状による引渡し） 債権の目的が特定物の引渡しであるときは，弁済をする者は，その引渡しをすべき時の現状でその物を引き渡さなければならない。	第 483 条（特定物の現状による引渡し） 債権の目的が特定物の引渡しである場合において，その引渡しをすべき時の品質を定めることができないときは，弁済をする者は，その引渡しをすべき時の現状でその物を引き渡さなければならない。

第4章　参考資料

改正民法	現行法	再改正案（加賀山私案）
渡しをすべき時の現状でその物を引き渡さなければならない。		

民法 504 条（債権者による担保の喪失等）

改正民法	現行法	再改正案（加賀山私案）
第 504 条（債権者による担保の喪失等）①弁済をするについて正当な利益を有する者（以下この項において「代位権者」という。）がある場合において，債権者が故意又は過失によってその担保を喪失し，又は減少させたときは，その代位権者は，代位をするに当たって担保の喪失又は減少によって償還を受けることができなくなる限度において，その責任を免れる。その代位権者が物上保証人である場合において，その代位権者から担保の目的となっている財産を譲り受けた第三者及びその特定承継人についても，同様とする。②前項の規定は，債権者が担保を喪失し，又は減少させたことについて取引上の社会通念に照らして合理的な理	**第 504 条**（債権者による担保の喪失等）第 500 条〔法定代位〕の規定により代位をすることができる者がある場合において，債権者が故意又は過失によってその担保を喪失し，又は減少させたときは，その代位をすることができる者は，その喪失又は減少によって償還を受けることができなくなった限度において，その責任を免れる。	**第 504 条**（債権者による担保の喪失による保証人等の免責）①弁済をするについて正当な利益を有する者（以下この項において「代位権者」という。）がある場合において，債権者が故意又は過失によってその担保を喪失し，又は減少させたときは，その代位権者は，代位をするに当たって担保の喪失又は減少によって償還を受けることができなくなる限度において，その責任を免れる。その代位権者が物上保証人である場合において，その代位権者から担保の目的となっている財産を譲り受けた第三者及びその特定承継人についても，同様とする。②前項に反するすべての条項は，書かれなかったものとみなす。

<u>由があると認められる</u> <u>とき</u>は，適用しない。		

債 権 各 論

民法541条（催告による解除）

改正民法	現行法	再改正案（加賀山私案）
第541条（<u>催告による</u> <u>解除</u>） 当事者の一方がその債 務を履行しない場合に おいて，相手方が相当 の期間を定めてその履 行の催告をし，その期 間内に履行がないとき は，相手方は，契約の 解除をすることができ る。<u>ただし，その期間</u> <u>を経過した時における</u> <u>債務の不履行がその契</u> <u>約及び取引上の社会通</u> <u>念に照らして軽微であ</u> <u>るときは，この限りで</u> <u>ない。</u>	**第541条**（<u>履行遅</u> <u>滞等</u>による<u>解除権</u>） 当事者の一方がそ の債務を履行しな い場合において， 相手方が相当の期 間を定めてその履 行の催告をし，そ の期間内に履行が ないときは，相手 方は，契約の解除 をすることができ る。	**第541条**（<u>催告による解除</u>） 当事者の一方がその債務を 履行しない場合において， 相手方が相当の期間を定め てその履行の催告をし，そ の期間内に履行がないとき は，相手方は，契約の解除 をすることができる。

民法542条（催告によらない解除）

改正民法	現行法	再改正案（加賀山私案）
第542条（<u>催告によら</u> <u>ない解除</u>） ①次に掲げる場合には， 債権者は，前条の催告 をすることなく，直ち に契約の解除をするこ とができる。	**第542条**（<u>定期行</u> <u>為の履行遅滞によ</u> <u>る解除権</u>） 契約の性質又は当 事者の意思表示に より，特定の日時 又は一定の期間内	**第542条**（<u>催告によらない</u> 解除） ①次に掲げる場合には，債 権者は，前条の催告をする ことなく，直ちに契約の解 除をすることができる。 　二　債務者がその債務の

第4章　参考資料

全部の履行を拒絶する意思を明確に表示したとき。

二　債務者がその債務の一部の履行を拒絶する意思を明確に表示した場合において、残存する部分のみでは契約をした目的を達することができないとき。

三　契約の性質又は当事者の意思表示により、特定の日時又は一定の期間内に履行をしなければ契約をした目的を達することができない場合において、債務者が履行をしないでその時期を経過したとき。

四　前各号に掲げる場合のほか、債務者がその債務の履行をせず、債権者が前条の催告をしても契約をした目的を達するのに足りる履行がされる見込みがないことが明らかであるとき。

②債務者がその債務の一部の履行を拒絶する意思を明確に表示したときは、債権者は、前条の催告をすることなく、直ちに契約の一部の解除をすることができる。

に履行をしなければ契約をした目的を達することができない場合において、当事者の一方が履行をしないでその時期を経過したときは、相手方は、前条の催告をすることなく、直ちにその契約の解除をすることができる。

一　債務の全部の履行が不能であるとき。

二　債務者がその債務の全部の履行を拒絶する意思を明確に表示したとき。

三　債務の一部の履行が不能である場合又は債務者がその債務の一部の履行を拒絶する意思を明確に表示した場合において、残存する部分のみでは契約をした目的を達することができないとき。

四　契約の性質又は当事者の意思表示により、特定の日時又は一定の期間内に履行をしなければ契約をした目的を達することができない場合において、債務者が履行をしないでその時期を経過したとき。

五　前各号に掲げる場合のほか、債務者がその債務の履行をせず、債権者が前条の催告をしても契約をした目的を達するのに足りる履行がされる見込みがないとき。

②次に掲げる場合には、債権者は、前条の催告をすることなく、直ち

債権各論

に契約の一部の解除を することができる。 　二　債務の一部の履 行が不能であるとき。 　三　債務者がその債 務の一部の履行を拒絶 する意思を明確に表示 したとき。		

民法 543 条（債権者の責めに帰すべき事由による場合）

改正民法	現行法	再改正案（加賀山私案）
第543条（債権者の責 めに帰すべき事由によ る場合） 債務の不履行が債権者 の責めに帰すべき事由 によるものであるとき は，債権者は，前二条 の規定による契約の解 除をすることができな い。	第543条（履行不 能による解除権） 履行の全部又は一 部が不能となった ときは，債権者は， 契約の解除をする ことができる。た だし，その債務の 不履行が債務者の 責めに帰すること ができない事由に よるものであると きは，この限りで ない。	第543条（債権者の責めに 帰すべき事由による場合） 債務の不履行が，もっぱら 債権者の責めに帰すべき事 由によるものであるときは， 債権者は，前二条の規定に よる契約の解除をすること ができない。

民法 548 条の 2（定型約款の合意）

改正民法	現行法	再改正案（加賀山私案）
第548条の2（定型約款の合意） ①略 ②前項の規定にかかわらず，同 項の条項のうち，相手方の権利 を制限し，又は相手方の義務を 加重する条項であって，その定	－	第548条の2（定型約款の合 意） ①略 ②前項の規定にかかわらず， 同項の条項のうち，法令中の 公の秩序に関しない規定の適

83

第４章　参考資料

改正民法	現行法	再改正案（加賀山私案）
型取引の態様及びその実情並びに取引上の社会通念に照らして第１条第２項に規定する基本原則に反して相手方の利益を一方的に害すると認められるものについては，合意をしなかったものとみなす。		用による場合に比して相手方の権利を制限し，又は相手方の義務を加重する条項であって，第１条第２項に規定する基本原則に反して相手方の利益を一方的に害すると認められるものについては，合意をしなかったものとみなす。

民法 562 条（買主の追完請求権）

改正民法	現行法	再改正案（加賀山私案）
第562条（買主の追完請求権）①引き渡された目的物が種類，品質又は数量に関して契約の内容に適合しないものであるときは，買主は，売主に対し，目的物の修補，代替物の引渡し又は不足分の引渡しによる履行の追完を請求することができる。ただし，売主は，買主に不相当な負担を課するものでないときは，買主が請求した方法と異なる方法による履行の追完をすることができる。②前項の不適合が買主の責めに帰すべき事由によるものであるときは，買主は，同項の規定による履行の追完の請求をすることができない。	－	**第562条**（売主の追完権）引き渡された目的物が種類，品質又は数量に関して契約の内容に適合しない（以下，「目的物に瑕疵がある」という）ものであるときは，売主は，不合理に遅滞せず，かつ，買主に対して不合理な不便又は買主の支出した費用につき自己から償還を受けることについての不安を生じさせない場合には，自己の費用負担により買主に対し，目的物の修補，代替物の引渡し又は不足分の引渡しによる履行の追完を行うことができる。

民法 564 条（買主の損害賠償請求及び解除権の行使）

改正民法	現行法	再改正案（加賀山私案）
第564条（買主の損害賠償請求及び解除権の	**第570条**（売主の瑕疵担保責任）	**第564条**（買主の損害賠償請求権及び解除権）

84

債権各論

行使) 前2条の規定は，第415条の規定による損害賠償の請求並びに第541条及び第542条の規定による解除権の行使を妨げない。	売買の目的物に隠れた瑕疵があったときは，第566条〔地上権等がある場合等における売主の担保責任〕の規定を準用する。ただし，強制競売の場合は，この限りでない。	前2条の規定は，第415条の規定による損害賠償の請求並びに第541条及び第542条の規定による解除権の行使を妨げない。この場合には，第543条の規定は適用しない。

民法567条（目的物の滅失等についての危険の移転）

改正民法	現行法	再改正案（加賀山私案）
第567条（目的物の滅失等についての危険の移転） ①売主が買主に目的物（売買の目的として特定したものに限る。以下この条において同じ。）を引き渡した場合において，その引渡しがあった時以後にその目的物が当事者双方の責めに帰することができない事由によって滅失し，又は損傷したときは，買主は，その滅失又は損傷を理由として，履行の追完の請求，代金の減額の請求，損害賠償の請求及び契約の解除をすることができない。この場合において，買主は，代金の支払を拒むことができない。 ②売主が契約の内容に適合する目的物をもって，その引渡しの債務の履行を提供したにもかかわらず，買主がその履行を受けることを拒み，又は受けること	—	**第567条**（目的物の滅失等についての危険の移転） ①売主が買主に瑕疵のある目的物（売買の目的として特定したものに限る。以下この条において同じ。）を引き渡した場合において，その引渡しがあった時以後にその目的物が当事者双方の責めに帰することができない事由によって滅失し，又は損傷したときは，買主は，その滅失又は損傷を理由として，履行の追完の請求，代金の減額の請求，損害賠償の請求及び契約の解除をすることができる。この場合において，買主は，代金の支払を拒むことができる。 ②売主が契約の内容に適合する目的物をもって，その引渡しの債務の履行を提供したにもかかわらず，買主がその履

第４章　参考資料

ができない場合において，その履行の提供があった時以後に当事者双方の責めに帰することができない事由によってその目的物が滅失し，又は損傷したときも，前項と同様とする。	行を受けることを拒み，又は受けることができない場合において，その履行の提供があった時以後に当事者双方の責めに帰することができない事由によってその目的物が滅失し，又は損傷したときは，買主は，前項に規定した権利を行使することができない。

あ と が き

　教えるのではなくて，学習させて，分からないことだけアドバイスすることに徹するというのが，アクティブラーニングとか，反転授業といわれている近時の教育の考え方です。なぜなら，教えられたことは，分かった気になるものの，身につきにくいものです。これに対して，自ら学んだことは必ず身につくからです。

　しかし，勉強嫌いな人たちが自発的に学ぶということはほとんど不可能に近いくらいに困難です。現代の学生たちのほとんどがアルバイトかスマホに時間を費しているからです。勉強嫌いな学生たちが本当に学ぶためには，講義時間中に時間を取って誰かに教えさせるという機会を与えるのが一番です（教えることは，学ぶことである）。教えるという機会を与えられた時にこそ，人はいちばん真剣に学ぶからです。

　大学の教員が優れているのは，学生に教えなければならないという義務を負うことによって，教員が，学生よりもはるかに真剣に学んでいるからなのです。

　そうだとすると，教員が本当に学生の学力を向上させようと思うのであれば，学生にも教える機会を与える必要があります。

　現実に，ゼミによって学生たちの学力が飛躍的に向上するのは，学生たちが前に立って教えるということが義務づけられ，恥ずかしくない報告をするために，ゼミの事前準備において，学生たちが教え合うからです。教える側に回る学生が伸びて，教わる側の学生が伸びないのは，教える側の学生は，教えられる側の学生以

87

あとがき

上に真剣に学んでいるからです。だから，いちばんいいのは，「教え合う」ことを通じて「学び合う」ことなのです。

　教えるために真剣に学んだ教員の講義を聞いて，学生が素朴で鋭い質問をする。それに答えるために教員はよりいっそう真剣に学ぶ。この繰り返しによって，教員は，見違えるほどに成長していきます。そうだとすれば，学生にも，このような成長の機会が与えられるべきでしょう。

　ゼミだけでなく，講義においても，このような機会を学生たちに提供しようとする試みこそが，最初に述べた，アクティブラーニングとか，反転授業といわれている新しい教育方法なのです。

　その意味では，本書は，筆者が先に公表した『**求められる法教育とは何か**──他者への貢献"Do for others"の視点から事務管理・不当利得・不法行為を考える──』信山社（2018）の続編として位置づけることができるかもしれません。

　本書を読んだ教員が，「改正民法は，従来の情報伝達式の講義方式では，まともに教えることができない」ことに気づき，むしろ，これをチャンスとして，批判的で創造的な思考方法を奨励・コーチするという新しい教育方法に目覚め，いろいろと工夫しながら，学生たちに教える機会を与え，教員と学生が共に教えあい，共に学び合う環境を作り上げることになるならば，幸いです。

　そのような教育方法の改善が進むならば，今回の民法改正は，民法学，および，法学教育の発展にとって大きな役割を果たすことになるのであり，反面教師としての高い評価を得ることができるのではないでしょうか。

あとがき

＊　＊　＊

　今回も，筆者が先に公表した『**求められる法教育とは何か**
──他者への貢献"Do for others"の視点から事務管理・不当利
得・不法行為を考える──』信山社（2018）と同様，校正について
は，原稿段階から，上杉めぐみ・愛知大学准教授，則竹慶彦・四
日市市役所主幹，深川裕佳・東洋大学教授のお手を煩わしました。
厚くお礼申し上げます。

索　引

あ 行

あいまいな概念……………………44
悪意又は有過失………………39, 40
アクティブラーニング……69, 87, 88
新しい教育方法……………………88
委員の選任基準……………………63
伊方原子力発電所の再稼働…………43
意思能力……… ⅲ, 14, 15, 16, 17, 19, 70
　　──を欠く状況…………… ⅳ, ⅶ
　　──を欠く法律行為…………… ⅵ, ⅷ
　　──を有しない状況…………… ⅶ
　　──を有しない者………… 18, 19
　　──を有しなかったとき………13
意思の不存在………………… ⅳ, ⅴ, ⅵ, ⅷ,
　　　　　　　　　　　4, 7, 8, 10, 13
意思表示に対応する意思を欠く錯
　誤………………… ⅳ, ⅴ, ⅷ, 5, 10, 20
意思表示理論…………………… ⅴ, 7
意思無能力………………… ⅳ, 13, 18
意思を欠く錯誤………………… ⅶ, ⅷ, 8
意思を欠く状態でなされた法律行
　為…………………………………… ⅶ
一事不再理の原則…………………66
一般社団・財団法人法84条………26
一般条項……………………………44
一方通行的な講義…………………69
囲繞地通行権………………………59
イメージすら一つも例を挙げられ
　ない………………………………49
嫌な質問………………………ⅸ, 4, 9

か 行

請負人の担保責任の制限……………59
梅謙次郎…………………………66
売主の瑕疵担保責任………… 56, 58
売主の追完権………………………60
上書き…………………………56, 60
冤　罪……………………………38
大阪アルカリ事件…………………44
遅れてきた債権者…………………29
教え合う……………………………88
教える機会……………………87, 88

か 行

解釈論………………………………18
改正民法
　3 条……………………………… ⅷ
　3 条の2………… ⅳ〜ⅶ, 14, 15, 17, 18
　93条1項………………………39
　93条2項………………………39, 40
　94条2項………………………40
　95条……………………… 4, 40
　95条1項………………………ⅵ, ⅷ
　95条1項1号………… ⅷ, 5, 6, 8, 10
　95条1項2号…………5, 6, 8, 9
　108条……………………………26
　108条2項………………………26, 27
　120条2項………… ⅵ, ⅷ, 9, 10
　420条……………………………51
　423条〜423条の7…………28
　424条の6…………………29
　424条の9…………………29
　541条及び542条…………60

91

索　引

543 条·····················60, 62
562 条··············56, 60, 61
562 条 2 項··················62
563 条··············56, 60, 61
563 条 3 項··················62
564 条··············56, 60, 61
567 条 1 項··················61
636 条······················59
——に基づく教育··············3
——の概説書······vii, ix, 10, 11
——の立法者··················55
買主に責任が転嫁される·········57
買主の権利···············60, 61
買主の損害賠償請求及び解除権···60
——の行使···················84
買主の代金減額請求権··········60
買主の追完請求権··········60, 84
概念矛盾·······················viii
確実な証明····················41
学生に報告の機会を与え········69
確定判決·····················23
隠れみの····················49
瑕　疵·······················59
——が買主の責めに帰すべき事
　由によって生じる···········57
瑕疵ある意思表示·······iv, v, vi, viii, 4,
　　　　　　　　　　　5, 7, 8, 9, 13
瑕疵ある答申·················65
瑕疵ある履行··········31, 33, 34
瑕疵概念·················59, 62
瑕疵担保責任·····32, 59, 60, 62
過　失··············38, 39, 41
過小な損害賠償額の予定········54
仮想通貨····················64

過大な賠償額の予定を制限する権
　限·······················54
割賦販売法···················51
管財人······················28
完全に白紙··················47
期間の満了··············20〜22
危険負担················32, 34
規制改革会議·················46
起草委員····················66
決まったことなのだから尊重せよ···30
決まったものは仕方がない·········27
逆転の発想··················25
教師の出る幕·················55
虚偽表示····················71
具体的な問題がいっさいない·······47
具体的な立法事実··············51
具体例は一つも申し上げられる段
　階にない··················49
契約自由················51, 54
——の原則··············54, 55
契約自由肯定説···············52
契約責任（説）············58, 62
契約の内容に適合しないもの·······58
契約の無効··················32
契約不適合··················59
——〔瑕疵〕が買主の責めに帰
　すべき事由によるものである
　とき·····················56
契約不履行··················59
欠陥だらけの改正民法···········66
原始的一部不能···········32, 58
原始的全部不能···········32, 58
原始的不能··················32
検証可能（性）················42

索　引

――な要件 ……………………………38
検証不可能 ………………………… 42, 43
原子力発電所の再稼働 ………………44
原発廃止こそが社会通念 ……………43
憲法76条3項 ……………… 8, 9, 45
故　意 …………………………………38
故意又は有過失 ………………………38
行為義務違反 …………………………39
後見開始の審判 …………… ⅲ, 15, 16
更　新 …………………………………22
後発的一部不能 ………………………32
後発的全部不能 ………………………34
後発的不能 ……………………………32
高齢化 …………………………………64
国際化 …………………………………64
国際物品売買契約に関する国際連
　合条約（ウィーン売買条約）
　48条 ……………………………………60
国民一般に分かりやすいものとす
　る …………………………… 52, 64, 65
古参教員 …………………………… 3, 13
誤　審 ……………………………… 38, 41

さ　行

再改正 …………………………………66
再改正私案 ……………………………70
債権者代位権 …………………………29
債権者による担保の喪失等 …………80
債権者のイニシアティブ ……………29
債権者平等の原則 ………………… 29, 30
債権の対外的効力 ……………………28
催告（による）解除 …………… 34, 35, 81
催告によらない解除 …………………81
財産の返還又は価額の償還の請求 ……77

財産を独り占め …………………………29
最低限のモラル ………………………47
裁　判 …………………………………52
裁判官の恣意的判断 ……………… 44, 63
裁判規範 ………………………………26
裁判所の権限強化説 ……………… 52, 53
裁判所の権限拘束説 …………………52
裁判所は，その額を増減できる ……54
債務者の責めに帰すべき事由によ
　る場合 …………………………………83
債務不履行 ………………………… 33, 34
　――による損害賠償 …………………75
　――の三分類 …………………………33
詐害行為取消権 ………………… 28, 29, 30
詐欺・強迫による意思表示 ……………7
錯　誤 …………………………………71
恣意的な判断 ……………………… 44, 45
時効の完成猶予 ………………… 23, 24, 74
時効の更新 ………………… 21, 23, 24, 74
時効の短期更新 ………………………24
時効の中止 ……………………………23
時効の中断 ……………………………20
時効の中断・再開 ………………… 22, 23
時効の中断事由 ………………………23
自己契約 ………………………………73
実体規範 ………………………………26
私的な勉強会 …………………………49
事務管理 ………………………………17
諮問に対して不適合 ……………… 64, 65
社会・経済の変化 ……………………64
社会通念 …………………37, 42, 43, 44
12のトピック …………………………ⅸ
出席委員の起立多数 …………………66
受領権者としての概観を有する者

93

索　引

に対する弁済 ……………………… 79

障害者権利条約 ……………………… 17, 64

　12条 …………………………………… 15, 17

小破産 …………………………………… 28

消費者契約法 …………………………… 51

　8条1項5号, 2項 ………………… 56

消費者法 ………………………………… 56

消費者保護 ……………………………… 54

商品性の不適合 ………………………… 33, 59

条文にも誤りがある …………………… 69

情報化 …………………………………… 64

情報公開法制の適用も受けない …… 49

証明が可能 ……………………………… 41

証明が困難 ……………………………… 39

　──な履行不能 …………………… 35

証明が容易 ……………………………… 41

証明主題 ………………………………… 41

証明問題 ………………………………… 34

事理弁識能力 ……………………… iii, 14

　──を欠く常況にある（者）…… iv, vi,
　vii, 14〜16, 19

審議のルール …………………………… 66

新米教員 ………………………………… 3

心裡留保 ………………………………… 70

推測している根拠 ……………………… 48

推定規定 ………………………………… 38

すき間 …………………………………… 47

　──を埋める ……………………… 48

すべての債権者の利益 ………………… 30

制限行為能力（者）…… iii, iv, 13, 15, 19

成長の機会 ……………………………… 88

成年後見制度の見直し ………………… 64

成年後見人 ……………………………… 16, 25

成年被後見人 ………………… iii, vi, vii,

14〜16, 18, 19, 25

説明困難な条文 ………………………… ix

説明に窮する代表的な論点 ………… 13

善　意 …………………………………… 38, 41

　──の推定 ………………………… 39

　──の第三者 ……………………… 41

善意かつ無過失 ………………… 38, 39, 40

　──の第三者 ……………………… 40

全会一致の原則 ………………… 63, 65, 66

増額することはできない ……………… 53

創造的な再改正法 ……………………… 70

相対無効 …………………………… v, 10, 11

想定問答 …………………………… ix, 63, 69

相当期間内の履行 ……………………… 35, 36

双方代理等 ……………………………… 73

た　行

大企業 …………………………………… 54

体系が破壊 ……………………………… 69

体系的な整合性 ………………………… 63

第三者の「善意」……………………… 41

対照表 …………………………………… 69

耐震装置（パラショック）付き …… 61

タイマーをリセット …………………… 21

代理人の権限濫用 ……………………… 25

多数決 …………………………………… 65

多数決原理 ……………………… 63, 66

立ち往生 ………………… viii, ix, 4, 8, 69

タール事件 ……………………………… 36

担保責任 ………………………………… 59

注意義務違反 …………………………… 38, 40

中小企業 ………………………………… 55, 54

直接訴権 ………………………………… 29

賃貸借の更新 …………………………… 20

索　引

追　認……………………vi, 16, 17, 18
通　説………………………………55
定型約款の合意……………………83
手続法………………………………30
電子マネー…………………………64
ドイツ民法343条…………………52
動機の錯誤…………………5, 6, 7, 8
透明性を妨げている………………47
特定商取引法………………………51
特定物の現状による引渡し………79
特定物の引渡の場合の注意義務……74
特別代理人…………………………30
トピックス…………………………11
富井政章……………………………66
共に教えあい………………………88
共に学び合う………………………88
取消権者……………………………73
取消的無効…………………………v, 10

な　行

内心の意思………………38, 40, 41
内心の事実………………………39, 41
何も仮説がなくてやる……………48
認知症………………………14, 16

は　行

賠償額の予定………………………76
　——の減額………………………53
白熱の議論…………………………55
パケット通信………………………64
破産管財人…………………………29
破産法………………………………29
発案権………………………………66
払込みによる弁済…………………78

反対意見の自由を確保……………66
　——するルール…………………66
反対解釈(説)…………………53〜55
　——をさらに制限的に解釈する…55
反転授業……………………69, 87, 88
反面教師……………………………88
判例の準則…………………………29
東日本大震災………………………44
否　認………………………………28
表意者本人の悪質性………………41
不干渉主義…………………………54
不完全履行………………31, 33, 34
不祥事………………………………25
フランス民法典1152条………52, 52
古いものだから悪い，新しいから
　良い………………………………18
法外な解約料………………………51
法制審議会………………………63, 65
法曹倫理…………………26, 27, 63
法定責任(説)……………32, 58, 62
法典調査会…………………………66
法務省の狙いに反対する委員………65
法務大臣の諮問……………11, 63
法律専門職…………………………26
墓　穴………………………………7, 40
穂積陳重……………………………66
ボワソナード………………………30
本人の意思…………………………17

ま　行

民　法
　1条…………………………………45
　3条の2……………………………iii, 70
　7条〜9条…………………………15

95

索　引

9条‥‥‥‥‥‥‥‥‥‥‥‥ iv, 14

93条‥‥‥‥ v, viii, 4〜7, 10, 39, 41, 70

94条‥‥‥‥‥ viii, 7, 10, 40, 41, 71

94条2項‥‥‥‥‥‥‥‥‥‥‥40

95条‥‥‥‥‥‥‥‥‥‥‥‥ 7, 71

95条1項‥‥‥‥‥‥‥‥‥ 42, 44

95条1項1号‥‥‥‥‥ iv, 10, 20

96条‥‥‥‥‥‥‥‥‥ viii, 4, 40

96条2項‥‥‥‥‥‥‥‥‥‥‥6

96条3項‥‥‥‥‥‥‥‥‥‥‥40

101条1項‥‥‥‥‥‥‥‥‥‥‥5

108条‥‥‥‥‥‥‥‥‥‥ 25, 73

119条‥‥‥‥‥‥‥‥ iv, 14, 16

120条‥‥‥‥‥‥‥‥‥‥‥‥73

120条2項‥‥‥‥‥‥‥‥‥‥59

122条‥‥‥‥‥‥‥‥ iv, 16, 17

147条‥‥‥‥‥‥‥‥‥‥‥‥74

186条1項‥‥‥‥‥‥‥‥‥‥39

210条‥‥‥‥‥‥‥‥‥‥‥‥59

400条‥‥‥‥‥‥‥‥ 42, 44, 74

412条の2‥‥‥‥‥‥‥‥‥‥75

412条の2第1項‥‥‥‥ 42, 44

415条‥‥‥‥‥‥‥‥‥‥‥‥75

415条1項‥‥‥‥‥‥‥‥ 42, 44

420条‥‥‥‥‥‥ 51, 53, 58, 76

420条1項‥‥‥‥‥‥‥‥‥‥53

420条1項2文‥‥‥‥‥‥‥‥52

423条‥‥‥‥‥‥‥‥‥‥‥‥28

424条の6‥‥‥‥‥‥‥‥‥‥77

425条‥‥‥‥‥‥‥‥‥‥‥‥30

477条‥‥‥‥‥‥‥‥‥‥‥‥78

478条‥‥‥‥‥‥‥‥ 42, 44, 79

483条‥‥‥‥‥‥‥‥ 42, 44, 79

504条‥‥‥‥‥‥‥‥‥‥ 44, 80

504条2項‥‥‥‥‥‥‥‥‥‥42

541条‥‥‥‥‥‥‥‥ 42, 44, 81

542条‥‥‥‥‥‥‥‥‥‥‥‥81

543条‥‥‥‥‥‥‥‥‥‥‥‥83

548条の2‥‥‥‥‥‥‥‥‥‥83

548条の2第2項‥‥‥‥ 43, 44

562条‥‥‥‥‥‥‥‥‥‥‥‥84

564条‥‥‥‥‥‥‥‥‥‥‥‥84

567条‥‥‥‥‥‥‥‥‥‥ 60, 85

570条‥‥‥‥‥‥ 56, 58, 60, 61

613条‥‥‥‥‥‥‥‥‥‥‥‥29

619条1項‥‥‥‥‥‥‥‥‥‥20

634条‥‥‥‥‥‥‥‥‥‥‥‥59

635条‥‥‥‥‥‥‥‥‥‥‥‥59

697条〜702条‥‥‥‥‥‥‥17

697条1項‥‥‥‥‥‥‥‥‥‥17

697条2項‥‥‥‥‥‥‥‥‥‥17

717条‥‥‥‥‥‥‥‥‥‥‥‥59

826条‥‥‥‥‥‥‥‥‥‥‥‥26

――旧条文57条‥‥‥‥‥‥26

――の美しい体系‥‥‥‥‥ iv

――の理論体系‥‥‥‥‥‥ v

無過失責任‥‥‥‥‥‥ 56, 58, 62

無催告解除‥‥‥‥‥‥‥‥‥35

矛　盾‥‥‥‥‥‥‥ 6, 8, 10, 11

酩酊状態‥‥‥‥‥‥‥‥ iv, 14

もう決まったこと‥‥‥‥‥‥6

模擬講義‥‥‥‥‥‥‥‥ 13, 69

目的物の滅失等についての危険の
移転‥‥‥‥‥‥‥‥‥‥‥‥85

最も本人の利益になる方法‥‥‥17

もっぱら債務者の責めに帰すべき
事由によるものであるとき‥‥‥62

索　引

や　行

有償契約……………………………………59
要素の錯誤……………………………… 6, 7, 18
預金通貨……………………………………64
預金又は貯金の口座……………………78

ら　行

Lack of conformity of goods…………59
利益相反………………………… 25, 28, 30
利益相反行為 ………………………… 26, 27, 30
履行拒絶…………… 31, 33, 34, 35, 36, 37
履行しない…………………………………36
履行する意思があるが履行できな
　い……………………………………………34
履行する意思がない…………………………34

履行遅滞…………………………31, 33, 34, 36
　──による催告解除……………………36
履行不能……… 31, 33, 34, 36, 37, 39, 75
立法事実……………………………………46
立法者意思(説) ……………………… 53〜55
立法提案………………………………………9
立法の過誤……………………………… v, vi
立法論…………………………………… 9, 17
良心に従って職務を行う ………………9
良心の呵責……………………………… 4, 9
労働契約法……………………………………44

わ　行

我妻説………………………………………58
若手教員………………………………………13

〈著者紹介〉

加賀山 茂（かがやま　しげる）

　　1948 年　愛媛県宇和島市生まれ
　　1972 年　大阪大学法学部卒業
　　1979 年　大阪大学大学院法学研究科博士課程単位取得退学
　　　　　　　国民生活センター・研修部教務課に勤務
　　1984 年　大阪大学教養部専任講師
　　1987 年　大阪大学法学部助教授
　　1992 年　大阪大学法学部教授
　　1996 年　名古屋大学法学部教授
　　2005 年　明治学院大学法科大学院教授
　　2008 年　名古屋大学名誉教授
　　2014 年　明治学院大学法学部教授
　　2015 年　明治学院大学「法と経営学研究科」委員長
　　2017 年　明治学院大学を定年退職　明治学院大学名誉教授

求められる
改正民法の教え方
いや〜な質問への想定回答

2019（平成31）年 3 月20日　第 1 版第 1 刷発行

ⓒ著　者　加　賀　山　　茂
発行者　今井　貴・稲葉文子
発行所　株式会社 信　山　社

〒113-0033　東京都文京区本郷 6-2-9-102
Tel 03-3818-1019　Fax 03-3818-0344
笠間才木支店　〒309-1611 茨城県笠間市笠間 515-3
Tel 0296-71-9081　Fax 0296-71-9082
笠間来栖支店　〒309-1625 茨城県笠間市来栖 2345-1
Tel 0296-71-0215　Fax 0296-72-5410
出版契約 No.2019-8132-01011

Printed in Japan, 2019 印刷・製本 ワイズ書籍(M)／渋谷文泉閣
ISBN978-4-7972-8132-3 C3332 ¥1200E 分類 321.000
p.120 8132-01011：012-010-002

JCOPY 〈(社)出版者著作権管理機構 委託出版物〉
本書の無断複写は著作権法上での例外を除き禁じられています。複写される場合は，
そのつど事前に，(社)出版者著作権管理機構（電話 03-3513-6969，FAX 03-3513-6979，
e-mail: info@jcopy.or.jp）の許諾を得てください。

法律学の森シリーズ

変化の激しい時代に向けた独創的体系書

新　正幸　憲法訴訟論〔第2版〕

戒能通厚　イギリス憲法〔第2版〕

大村敦志　フランス民法

潮見佳男　新債権総論Ⅰ　民法改正対応

潮見佳男　新債権総論Ⅱ　民法改正対応

小野秀誠　債権総論

潮見佳男　契約各論Ⅰ

潮見佳男　契約各論Ⅱ　続刊

潮見佳男　不法行為法Ⅰ〔第2版〕

潮見佳男　不法行為法Ⅱ〔第2版〕

藤原正則　不当利得法

青竹正一　新会社法〔第4版〕

泉田栄一　会社法論

小宮文人　イギリス労働法

芹田健太郎　国際人権法

高　翔龍　韓国法〔第3版〕

豊永晋輔　原子力損害賠償法

信山社

現代選書シリーズ

未来へ向けた、学際的な議論のために、
その土台となる共通知識を学ぶ

畠山武道 著 **環境リスクと予防原則 I**
ーリスク評価〔アメリカ環境法入門〕

2019.1 最新刊
畠山武道 著 **環境リスクと予防原則 II**
ー予防原則論争〔アメリカ環境法入門2〕

中村民雄 著 **EUとは何か（第2版）**

森井裕一 著 **現代ドイツの外交と政治**

三井康壽 著 **大地震から都市をまもる**

三井康壽 著 **首都直下大地震から会社をまもる**

林 陽子 編 **女性差別撤廃条約と私たち**

黒澤 満 著 **核軍縮入門**

森本正崇 著 **武器輸出三原則入門**

高 翔龍 著 **韓国社会と法**

加納雄大 著 **環境外交**

加納雄大 著 **原子力外交**

初川 満 編 **国際テロリズム入門**

初川 満 編 **緊急事態の法的コントロール**

森宏一郎 著 **人にやさしい医療の経済学**

石崎 浩 著 **年金改革の基礎知識（第2版）**

━━━━━━ **信山社** ━━━━━━

◆ 法と経営研究 ◆

加賀山茂・金城亜紀 責任編集

◆創刊第1号

◆創刊の辞◆　加賀山茂・金城亜紀

◆巻頭論文◆

1　法と経営（Law&Manegement）の基本的な考え方／加賀山茂

◆総　論◆〈学術的方法論としての「法と経営」の可能性〉

2　経営と法　方法論的序説／大垣尚司

◆各　論◆

◆グローバル化が問う「法と経営」の重要課題

3　ロビイングに関する法制化の意義──国内でのコーポレート・ロビイング推進のために／大出　隆

4　健全性規制強化の銀行経営に対する影響に関する考察──自己資本規制，流動性規制，レバレッジ規制の相互関係について／森　成城

◆「法と経営」からみた日本企業の最前線

5　法と経営の観点から見た株主の権利の制約について──石油元売企業の経営統合事案からの考察／田澤健治

6　早期事業再生に資する簡潔な企業評価手法に関する考察／野田典秀

◆「法と経営」への経済史・経済史からの接近

7　1920年の戦後恐慌にみる第十九銀行と日本銀行信用への接続──繭担保が果たした役割／金城亜紀

《編集後記》金城亜紀

── 信山社 ──

◆法と経営研究◆

加賀山茂・金城亜紀 責任編集

◆第2号

◆はしがき／加賀山茂・金城亜紀

◆対 談◆
原点に立ち返る勇気—個人の自立とコーポレートガバナンス
／大場昭義・金城亜紀

1 販売信用の構造分析と事実関係の可視化—「法と経営」融合実現のための法技術（その1）／加賀山茂

2 資産運用ビジネスの成長に求める金融システム再構築／加藤章夫

3 明治・大正期における地方銀行の与信判断について—製糸資金貸出計画書にみる第十九銀行の事例／三澤圭輔

4 アムステルダム銀行の預金受領証は「銀行券」だったのか—受領証の性格が映し出す銀行券と銀行預金の同一性／橋本理博

5 法と経営学における情報セキュリティ—仮想通貨流出事件を例にして
／櫻井成一朗

◇コラム
1 温室効果ガスの追跡／久世暁彦
2 短期売買の抑制による流動性への影響／脇屋　勝
3 製糸産業の興隆と労働環境の整備／伊藤弘人
4 働き方改革の意識改革／齋藤由里子
5 偉大なアメリカ／鶴田知佳子

信山社

加賀山 茂 著

求められる法教育とは何か
　　―他者への貢献 "Do for others" の視点から―

民法条文 100 選
　　―100ヵ条で学ぶ民法―

民法改正案の評価
　　―債権関係法案の問題点と解決策―

民法（債権関係）改正法案の〔現・新〕条文対照表
　　〈条文番号整理案付〉

現代民法　学習法入門

現代民法　担保法

民法入門・担保法革命
　　　　（DVD講義）

民法体系Ⅰ　総則・物権

信山社